荘子の哲学

山田史生

TRANSview

荘子の哲学

目次

考えるな、見よ！

ウィトゲンシュタイン『哲学探究』66

考えるな、感じろ！

ブルース・リー『燃えよドラゴン』

端書き

荘子《そうし》の哲学とはまた大風呂敷をひろげたものだ。が、この本はたしかに荘子の哲学について論じている。看板にいつわりはない。

もっとも、この本が論ずる対象としているのは『荘子《そうじ》』のなかの斉物論篇《せいぶつろんへん》だけだ。もちろん全篇を論ずるに如《し》くはない。けれども、それはぼくの手に余る。高望みせず、斉物論篇をとことん吟味したい。

論者の力不足という事情は措《お》くとして、論ずべき一篇をえらぶとなれば、否《いや》も応もなく、それは斉物論篇だ。他篇を軽んずるわけではない。斉物論篇をとりわけ重んずるからだ。

『荘子』のなかで斉物論篇はどんなふうに位置づけられるのか。ある識者はこう評している。

> 本篇の第一章（斉物論篇の天籟《てんらい》寓話・引用者注）は、中国古代における道家《どうか》の思想の歴史的展開の開幕を告げる、モニュメンタルな問答である。この問答は、『荘子』を始めとする道家の諸文献の中で最も早く成立し、したがって、その最も重要な文章の一つである。

同時にまた、道家《どうか》の諸文献の中で、いやそれどころか中国古代のあらゆる文献の中で、最も難解な思想の表現である。本篇本章の思想内容を理解することができたならば、『荘子《そうじ》』の諸思想、さらには道家の諸思想は、その過半を理解できたと言っても言い過ぎではないほどである（池田知久『荘子』上・講談社学術文庫・一〇八頁）

斉物論篇《せいぶつろんへん》の冒頭にある天籟《てんらい》寓話をしっかり理解すれば、それだけで荘子の哲学の「その過半を理解できたと言っても言い過ぎではない」ならば、それでもう御の字じゃないだろうか。ましで斉物論篇をひととおり吟味するならば、きっとお釣りがくるだろう。

郭慶藩撰・王孝魚点校『荘子集釈』新編諸子集成・中華書局

みぎの書を底本とする。そして該書におさめられる郭象《かくしょう》の注をときおり参看する。

金谷治『荘子』岩波文庫（「金谷本」と略記）
福永光司・興膳宏『荘子』ちくま学芸文庫（「福永本」と略記）
池田知久『荘子』講談社学術文庫（「池田本」と略記）

これらの文庫本を机辺にそなえ、任意にながめる。ただし参看はあえて最小限にひかえる。斉物論篇をひもといていると、酩酊したかのように頭がくらくらしてくる。こんなおもしろいものを先学の解釈によりかかって読むなんて、ネットでしらべた人気店にゆき、供された料理をうまいと信じこむようなものだ。バイアスをかけずに自分の舌で味わいたい。

なにぶん「中国古代のあらゆる文献の中で、最も難解な思想の表現」だから、ぼくの脳ミソではちゃんと読めないかもしれない。でも、はなから読めるとわかっているものを読んでもつまらない。

なんでもかんでもコストパフォーマンスのよしあしで評価しようとすると、ひどく貧乏くさくなる。貧乏なのはわるいことではない。しかし貧乏くさいのはよろしくない。

読めないかもしれないといった貧乏くさい気づかいはポイと捨てて、さっそく読みはじめよう。

序章

斉物論篇《せいぶつろんへん》をひもとくまえのウォーミングアップとして、秋水篇《しゅうすいへん》の「濠梁《ごうりょう》」寓話を読もう。荘子《そうし》の思弁がいかに冴えているかということを、この場をかりてプレゼンテーションしてみたい。

荘子と恵子《けいし》とが濠水《ごうすい》にかかる橋のうえを散歩している。

荘子がいう「ハヤがのびのびと泳ぎまわっている。あれこそ魚の楽しみだね」

恵子がいう「きみは魚でもないのに、どうして魚の楽しみがわかるんだい」

「あんたはおれじゃないのに、どうしておれに魚の楽しみがわからないってわかるんだい」

「ぼくはきみじゃないから、もちろんきみのことはわからないさ。それといっしょで、きみも魚じゃないんだから、きみに魚の楽しみがわからないのもあたりまえだろ」

「ひとつ最初にもどって考えてみよう。どうして魚の楽しみがわかるのか、とあんたはたずねてきた。そんなふうに問うってことは、もうすでにおれが魚の楽しみをわかっているつもりになっていることを知ったうえで、そんなふうに問うてきたわけだ。つまりおれには濠水のほとりで魚の楽しみがわかったってことさ」


荘子与二恵子一遊二於濠梁之上一。

荘子曰、儵魚出遊従容。是魚楽也。

恵子曰、子非レ魚、安知二魚之楽一。

荘子曰、子非レ我、安知二我不一レ知二魚之楽一。

恵子曰、我非レ子、固不レ知レ子矣。子固非レ魚也、子之不レ知二魚之楽一全矣。

荘子曰、請循二其本一。子曰女安知二魚楽一。云者既已知二吾知一レ之而問レ我。我知二之濠上一也。


荘子、恵子と濠梁の上に遊ぶ。

荘子曰く、儵魚《ゆうぎょ》出で遊ぶこと従容《しょうよう》たり。是《こ》れ魚楽しむなり。

恵子曰く、子《し》は魚に非《あら》ず、安《いず》くんぞ魚の楽しむを知らんや。

荘子曰く、子は我に非ず、安くんぞ我が魚の楽しむを知らざるを知らんや。

恵子曰く、我は子に非ざれば、固《もと》より子を知らず。子は固より魚に非ざれば、子の魚の楽しむを知らざること全し。

荘子《そうし》曰く、請《こ》う其の本《もと》に循《したが》わん。子《し》曰く、女《なんじ》、安《いず》くんぞ魚の楽しむを知らんや、と。云う者は既《す》已《で》に吾が之を知るを知りて我に問えり。我、之を濠上に知るなり。

恵子《けいし》は「他人の気持ちはわからない」という原則にたち、魚の楽しみがわかるという荘子の言葉に疑いをさしはさむ。きみは魚じゃないんだから、魚の気持はわかりっこない、と。その論法を逆手《さかて》にとって荘子は反駁《はんばく》する。あんたはおれじゃないんだから、おれの気持はわかりっこない。だからおれに魚の気持がわかるかどうかもわかりっこない。恵子はひるまない。なるほどぼくはきみじゃない。だからきみの気持はわからない。それはみとめよう。きみは魚じゃない。だから魚の気持はわからないはずだ。それもみとめてくれ。

ここまでの議論は、要するに「他人の気持はわからない」という理屈で一貫している。この原則をふまえているかぎり、さすがの荘子も恵子を論破することはできない。

恵子の論法にのっとって恵子をやりこめようとしてもダメだってことで、荘子は戦法を変える。ひとつ最初にもどって、おたがい頭を冷やして考えなおしてみようじゃないか、と提案する。

どうして魚の楽しみがわかるのかとあんたはいってきた。それってもうすでにおれが魚の楽しみがわかっているつもりになっているということを知ったうえで、そんなふうに文句をつけてきているわけだよね、と荘子はいう。

いやあ、じつに鋭い。鋭すぎて、すぐにはピンとこないくらい鋭い。

荘子の思弁の冴えを味わう鍵は、どうやら「子曰く、女、安くんぞ魚の楽しむを知らんや、と。云う者は既已に吾が之を知るを知りて我に問えり」の解釈にある。この箇所、諸家はどう訳しているだろうか。

　君は「お前にどうして魚の楽しみがわかろうか」といったが、それはすでに、僕の知識のていどを知ったうえで、僕に問いかけたものだ。（金谷本）

「吾が之を知るを知りて」を金谷本は「僕の知識のていどを知ったうえで」と訳している。この訳文は二通りに読める。どっちなのかは玉虫色だ。

ひとつは、魚の気持を知ることなどできっこない、つまり魚の気持がわかるような超能力はもっていない、という荘子の知識の程度を知ったうえで、という読み。荘子には魚の気持がわかってなどいないことを恵子《けいし》はわかったうえで、という理解だ。

もうひとつは、荘子《そうし》が魚の気持をちゃんとわかっていることを恵子はわかったうえで、という読み。つぎの福永本の解釈はその方向だ。

君は「君にどうして魚の楽しみが分るのか」とたずねたとき、もうすでにぼくに魚の楽しみが分かっていることを知っていて、問いかけていたんだよ。(福永本)

魚が楽しんでいるかどうかは、ふつうの人間にはわからない。だが荘子にはそれがわかっている。荘子がわかっていることを恵子はよくわかったうえで、という理解だ。

荘子はべつに恵子をとがめてはいない。あんたがわかってくれているってことは、おれにはよくわかっているよ、と荘子と恵子とはおたがい理屈を超えた深いところで体験を共有している。

雑魚《ざこ》のぶんざいで両大家に逆らうようだが、ぼくは「吾が之を知るを知りて」の箇所をつぎのように読みたい。

魚が楽しんでいることを荘子がほんとうに知っているかどうかは保証のかぎりでない。とはいえ「あれこそ魚の楽しみだね」と口にするからには、すくなくとも荘子が魚の楽しみを知っているつもりになっていることだけはまちがいない。恵子は、そんなふうに荘子が知っているつもりになっていることをふまえて、どうして魚でもないのに魚が楽しんでいるとわかるんだとイチャモンをつけている。

そこをとらえて荘子は、魚が楽しんでいることをおれが知っているつもりになっていることを知ったうえで、あんたは文句をいっているんだろ、と確認する。おれが知っているつもりになっていることを、ちゃんと知っているよね、と。

もし知っているつもりになっているという荘子のこころを知ったうえで恵子がとがめているとすれば、それは「他人の気持はわからない」という恵子みずから拠ってたつところの原則と抵触《ていしょく》する。

「その考えはおかしい」というためには、「おかしなことを考えているようだが」と、相手の考えがわかっていることを前提としなければならない。すると「他人の気持はわからない」という原則をみずから破らざるをえなくなる。

知っているか知らないかという議論ができるためには、知ることの可能性を前提としてみとめていなければならない。ほんとうに知っているかどうかは別問題だ。

かくして「他人の気持はわからない」という主張は、これを相手にぶつけることはできない。

魚は楽しんでいると知ったつもりになっているという自分のこころを知っていると荘子《そうし》自身はおもっているはずだ、と恵子《けいし》はおもっている。「吾が之を知るを知りて」における「之」が指すのは、魚の楽しみそのものではない。荘子が魚の楽しみを知っているつもりになっていることだ。そうだとすると、恵子さん、あんたは自分のふまえている原則をみずからふみにじることになっちまうぜ、と荘子は指摘する。

荘子は「最初にもどって考えてみよう」とうながす。あんたのふまえている原則そのものを吟味してみようじゃないか、と。

なんで魚の楽しみがわかったりするんだと文句をつけたりすると、おれが魚の楽しみを知っているつもりになっていると知っていることになってしまう。するとあんたのふまえている原則をあんたはふみにじることになってしまう。あんたのふまえている原則にのっとるかぎり、あんたはおれに文句をつけられないんだよ。

ラストの「おれには濠水《ごうすい》のほとりで魚の楽しみがわかったってことさ」というセリフは、知っているのだという自分における端的《たんてき》な事実をあらためてつきつけている。この一言は、あたかも荘子の勝利宣言のように、恵子の耳にはひびいただろう。

荘子の説くところがおそろしく晦渋《かいじゅう》な印象をあたえるのは、かれが形而上学を論じているからだ。

形而上学とは、目でみたり、耳できいたり、手でさわったり、そんなふうに感覚でとらえられる事実を超えたものが存在すると考え、その真相を究明しようとすることだ。

荘子が「我、之を濠上に知るなり」とうそぶく仔細《しさい》が、そういう形而上学をふまえたものだとすれば、感覚でとらえられる事実をいくらしらべてみたところで、かれの所論のなんたるかはわからない。

ぼくが荘子を好きなのは、けっして浮世ばなれした超論理がおもしろいからではない。むしろ逆だ。とことん理詰めであろうとする姿勢、それこそが荘子の魅力だ。

天籟《てんらい》の章

斉物論《せいぶつろん》の「斉」は、ひとしくそろっていること。この世界にある「物」は、てんでんばらばらに散らばっているわけじゃない。ひとしくそろったありかたで存在している。

「物を斉《ひと》しうする」とは、物と物との区別をなくしてしまうことではない。あらゆる物はひとしくそろったありかたをしていることだ。では、そのひとしくそろったありかたとはなんだろう？


南郭子綦《なんかくしき》は、ちいさな机にもたれかかって坐り、天をあおいで口からゆっくり息を吐いている。そのなにもかも忘れはてたかのような様子は、まるで身も心もうしなってしまったかのようだ。

かたわらにひかえていた顔成子游《がんせいしゆう》がたずねる。

「どうなされました。身はもともと枯れきった木のようにすることができるとしても、心をもともと冷えきった灰のようにすることなどできるものでしょうか。いまの机にもたれかかっているさまは、さっきまでの机にもたれかかっていたのとはちがいますね」

子綦がいう。

「偃《えん》よ、すばらしいねえ、おまえのその問いは。いま、わたしは自分をうしなっていたのだ。おまえにそれがわかったのか。おまえは人のかなでる音をきいたことはあっても、まだ地のかなでる音をきいたことはないだろう。地のかなでる音をきいたことはあっても、まだ天のかなでる音をきいたことはないだろう」

南郭子綦、隠レ几而坐、仰レ天而嘘。嗒焉似レ喪二其耦一。

顔成子游、立侍二乎前一曰、何居乎。形固可レ使レ如二槁木一、而心固可レ使レ如二死灰一乎。今之隠レ几者、非二昔之隠レ几者一也。

子綦曰、偃、不二亦善一乎、而問レ之也。今者吾喪レ我。汝知レ之乎。女聞二人籟一、而未レ聞二地籟一。女聞二地籟一、而未レ聞二天籟一夫。

南郭子綦、几《き》に隠《よ》りて坐し、天を仰《あお》いで嘘《きょ》す。嗒焉《とうえん》として其の耦《ぐう》を喪《うしな》うに似たり。

顔成子游、立ちて前に侍《じ》して曰く、何居《なん》ぞや。形は固《もと》より槁木《こうぼく》の如くならしむ可きも、而《しか》るに心は固より死灰《しかい》の如くならしむ可けんや。今の几に隠る者は、昔の几に隠る者に非《あら》ざるなり。

子綦曰く、偃よ、亦《ま》た善からずや、而《なんじ》の之を問うや。今者《いま》、吾は我を喪う。汝は之を知るか。

女《なんじ》は人籟《じんらい》を聞くも、未《いま》だ地籟《ちらい》を聞かず。女は地籟を聞くも、未だ天籟《てんらい》を聞かざるかな。

南郭子綦《なんかくしき》のありさまが「嗒焉《とうえん》として其の耦《ぐう》を喪《うしな》うに似たり」とあらわされている。「耦」とは、ふたつ対《つい》になっていること。対になっているのは心と身とだとして、子綦がうしなった「耦」とは、ペアの片方だろうか？　それともペアになった両方だろうか？

金谷本は「茫然としてまるでその肉体の存在を忘れたかのようである」と訳している。福永本は「その虚ろなさまはまるで肉体さえも失ったかのようだった」と訳している。どちらも心と一如であるべき身のほうをうしなったかのようだと読んでいる。池田本は「とろりとして身体と精神の両者を失ったかのようであった」と訳している。身と心との両方をうしなったかのようだと読んでいる。

いったい「嗒焉として其の耦を喪うに似たり」といっているのはだれだろう？　南郭子綦そのひとではない。顔成子游《がんせいしゆう》でもない。この文の筆者だろう。筆者、ひとまず荘子《そうし》とおもっておいて不都合はないとおもうが、そのひとが子綦のありさまを目にして、それを描写している。

外から目にみえているのは子綦の外見だ。だから身をうしなうと訳すことはできない。外から目にみえるものを「ない」と描写することはできない。

そう考えると、身ではなく心をうしなうと訳したくなる。だが、そうは問屋がおろさない。外から目にみえるものの描写ではない可能性もある。まるで身をうしなうとでも感じているかのような、そういった様子だ、と子綦の心をおもんぱかって描写している可能性もある。

子綦が「喪」っているものについて、心もしくは身からえらべといわれたら、ぼくは心をえらびたくなる。「形」は枯れた木のようにできるが「心」は冷えきった灰のようにはできない、と子游はいっている。だから「喪」っているのは身ではなくて心だとおもいたくなる。ただし子游の考えが正しいとすればという留保がつく。

「固《もと》より」といっているように、子游の発言はなにかしら「おもいこみ」をふくんでいる。すくなくとも子綦のありさまのリアルな観察だけにもとづいて発言しているわけでもなさそうだ。

身は事故などで損傷することがありうる。心は意識のはたらきだから、現に自分であることを意識している以上、それが存在しないことはありえない。心が冷めた灰のようになっていることはありえないと子游も考えていそうだ。

身という枯れた木が燃えつきて心が冷めた灰のようになるとは、身から心が読みとれなくなることだろうか？　もしそうなら枯れた木が燃えつきて冷めた灰のようになることは「ありうる」わけだから、子游《しゆう》のように「ありえない」と考えることはできなくなる。すると「耦《ぐう》」をうしなうことを「心をうしなう」と訳すべき論拠もまたうしなわれる。

池田本は、「耦」を対《つい》そのものとみなし、心と身との両方をうしなったかのようだと読んでいる。心と身との両方をうしなうといっても、なにもかもうしなって透明人間になるわけじゃない。心と身とのバランスとしゃんと子綦《しき》のすがたがみえている。子游は身を生気《せいき》づけるものとして心をとらえ、心と身とがバラバラになって一体感をうしなったかのようだと子綦のすがたをみている。いつもとちがって生気がなくみえるのは、一如であるべき身と心とがバラバラになっているせいでしょうか、と子游はいぶかしんでいる。

こう考えてくると「耦」については、池田本の「心＋身」説に軍配をあげることになりそうだ。

子游にその生気のなさをいぶかしまれて、子綦は「今者《いま》、吾は我を喪《うしな》う」とつぶやく。荘子が「耦を喪う」とあらわしたものを、子綦は「我を喪う」といいなおしている。

荘子《そうし》のいう「耦を喪う」は、心身一如のありかたがうしなわれていることを、外から客観的にながめている。子綦のいう「我を喪う」は、心身一如のありかたがうしなわれていることを、みずから主観的にあらわしている。

「我を喪う」とは、物を認識する主体性をうしなうことだろうか？　まさか。それだと心と身とがバラバラになった心神喪失のありかたになってしまう。

「我」とは、みずから存在するために他の物を必要としない実体ではない。そういった主語になっても述語にならないようなものを「喪う」ことなどできっこない。我とは他の物との関係においてなりたっている関数の値のようなものだ。もとより固定的な実体性などもっていない。

朝、目覚める。昨日の自分と今日の自分とは同じだろうか？

ぼくの人生は時間的・空間的に連続している。とはいえこの自分は、自分ひとりだけで存在しているわけではない。他の物との関係において連続的に変化している。だから諸行《しょぎょう》は無《む》常《じょう》にきまっている。

「我おもう」といったときの我と「我あり」というときの我とは同じだろうか？

我のいる世界にあって、物と物とはのべつ関係しあっている。そういう関数の値として、この我はある。

子綦《しき》はきめつける。よしんば人籟《じんらい》や地籟《ちらい》をきいたことはあるとしても、おそらく天籟《てんらい》をきいたことはあるまい、と。なにを根拠にそんなふうにきめつけるのだろう？

ふつうの人間がふつうの状態にあれば、人籟や地籟をふつうにきく。しかし天籟をきくことはできない。これを逆からいえば、ふつうの状態でないならば、たとえば「我を喪《うしな》う」という状態であれば、かりに人籟や地籟をふつうにきくことはなくても、そのかわり天籟をきくことができる。

ふつうの状態とは、おのれが認識の主体としての「我」だとおもいこんでいる状態だ。その状態をうしなって「我を喪う」ならば、もはや人籟や地籟をきくことはない。しかし天籟をきくこととならどうかな、と子綦はほのめかす。

この世界がこのようであることは、ふだん意識にのぼることはない。ことさら意識にのぼることはないけれども、不断にそれにしたがっているような一般的な性格とでもいうべきもの、すなわち法則に、この世界はつかさどられている。

ひとは法則そのものをコントロールできないのはもちろん観察することもできない。この世界をつかさどっている法則のはたらきは、万物にとっては端的《たんてき》に自明な事実でしかない。

この世界がこのようであることは、すでに思考の限界を超えている。思考の限界について思考するためには、思考の限界の両側について思考できなければならない。けれども思考の限界のむこう側は原理的に思考できない。

ひとつの仮説をたてる——天籟の「天」とはなにか。意志をもった神ではない。万物の主宰者でもない。それは自然の法則だ。

自然の法則は、世界の外にあらかじめ存在していて世界のありかたを差配しているものではない。世界にある物と物との関係においておのずとあらわれている規則性だ。

科学の方則は物質界に於《お》ける複雑な事象の中に認められる普遍的な連絡を簡単な言葉で総括したものである。事実の言ひ表しであつて権利も義務も訓戒も含まれて居ない。

（寺田寅彦「方則に就いて」『寺田寅彦全随筆』一・岩波書店）

自然の法則が万物をつくりだしているのではない。自然の法則とは万物がそれにしたがって存在している「普遍的な連絡」のことだ。

ありとあらゆる物は客観的かつ合理的な自然の法則にしたがって存在し、たがいに関係しあっている。そのことは当の物にとっては端的に自明な事実でしかない。

万物あっての自然の法則ではなく、自然の法則あっての万物だ、という事情なのだろうか？　そうではないというのが、この本におけるぼくの立場だ。

自然の法則あっての万物ではない。むしろ万物あっての自然の法則だ。

万物は自然の法則にしたがって存在している。万物の存在していることが自然の法則がはたらいていることにほかならない。

子綦《しき》はけっして人籟《じんらい》や地籟《ちらい》を否定してはいない。天籟《てんらい》は人籟や地籟とまったく同じひろがりをもっている。

ひとはどうしても存在している物にとらわれる。だから自然の法則のはたらきが万物のはたらきをささえているという消息を知ることはむずかしい。

天籟をきくことは、人籟や地籟といった個々の音を個別にきくことではない。自然の法則にゆったりと心身をゆだね、万物のかなでる音をあるがままにきくことだ。

子游《しゆう》がたずねる。

「その（天のかなでる音をきく）やりかたはどういうものでしょうか」

子綦がいう。

「そもそも自然はときおりため息をつく。それを名づけて風という。風はそれを生みだすものがいるわけではないが、ひとたび生まれようものなら自然界におけるありとあらゆる穴という穴はのきなみどよめく。おまえもきっと風のビュウビュウというどよめきをきいたことがあるだろう。山林のうつくしく曲がりくねったところや百抱えもあろうかという大木の穴など、そのかたちには鼻に似ているもの、口に似ているもの、耳に似ているものがある。枡《ます》に似ているもの、杯《さかずき》に似ているもの、臼《うす》に似ているものがある。深い池に似ているもの、水たまりに似ているものがある。水がとびちるような音をたてるもの、矢がうなるような音をたてるもの、叱りつけるような音をたてるもの、吸いこむような音をたてるもの、叫びたてるような音をたてるもの、泣きわめくような音をたてるもの、吹きこむような音をたてるもの、噛みつくような音をたてるものがある。まえのほうの穴がウウッと音をたてれば、うしろのほうの穴はゴオッと音をたてる。よわい風のときはちっちゃな音をたて、つよい風のときはでっかい音をたてる。はげしい風がおさまれば、ありとあらゆる穴はもとどおりカラッポの静けさにもどる。おまえもきっとそんなふうに風によって物たちがざわめくさまをみたことがあるだろう」

子游がいう。

「地のかなでる音とはあらゆる穴がたてる音のことですね。人のかなでる音とは竹でつくった楽器がたてる音のことですね。天のかなでる音とはどういうものでしょうか」

子綦《しき》がいう。

「そもそも音をたてているものの音のたてかたはどれひとつとして同じものはないけれども、どれもすべてそれ自体においてみずから音をたてるようにさせている。それぞれみずから音をたてている。そんなふうに音をたてるように仕向けているものは、いったいだれだろうか」

子游曰、敢問二其方一。
子綦曰、夫大塊噫レ気、其名為レ風。是唯无レ作、作則万竅怒呺。而独不レ聞二之翏翏一乎。山林之畏佳、大木百囲之竅穴、似レ鼻、似レ口、似レ耳、似レ枅、似レ圏、似レ臼。似レ洼者、似レ汚者。激者、謞者、叱者、吸者、叫者、譹者、宎者、咬者。前者唱レ于、而随者唱レ喁。泠風則小和、飄風則大和。厲風済、則衆竅為レ虚。而独不レ見二之調調之刁刁一乎。
子游曰、地籟則衆竅是已。人籟則比竹是已。敢問二天籟一。
子綦曰、夫吹万不レ同、而使二其自レ已也。咸其自取。怒者其誰邪。

子游《しゆう》曰く、敢《あ》えて其の方《ほう》を問う。

子綦曰く、夫《そ》れ大塊《たいかい》の気を噫《は》く、其の名を風と為す。是《こ》れ唯《た》だ作《お》こすもの无《な》きも、作こらば則ち万竅《ばんきょう》怒呺《どごう》す。而《なんじ》は独り之の翏翏《りょうりょう》たるを聞かざるか。山林の畏佳《わいさい》、大木百囲の竅穴《きょうけつ》は、鼻に似、口に似、耳に似る。枅《ますがた》に似、圏《さかずき》に似、臼《うす》に似る。洼《あ》に似る者、汚《お》に似る者あり。激する者、謞《こう》する者、叱する者、吸する者、叫する者、譹《ごう》する者、宎《よう》する者、咬する者あり。前なる者は于《う》と唱え、随《したが》う者は喁《ぐ》と唱う。泠風には則ち小《すこ》しく和し、飄風《ひょうふう》には則ち大いに和す。厲風《れいふう》済《おさ》まらば、則ち衆竅は虚《きょ》と為る。而独り之の調調たる、之の刁刁《ちょうちょう》たるを見ざるか。

子游曰く、地籟《ちらい》は則ち衆竅《しゅうきょう》是れのみ。人籟《じんらい》は則比竹《ひちく》是れのみ。敢えて天籟《てんらい》を問う。

子綦曰く、夫れ吹くこと万《よろず》にして同じからざるも、而《しか》も其れをして己《おの》れに自《みずか》らせしむるなり。咸《み》な其れ自ら取る。怒《ど》する者は其れ誰ぞや。

人籟は人が息を吐くことによる笛の音で、地籟は風が吹きつけることによる穴の音だとして、天籟はどうやってきけばよいのですかという子游の問いをうけて、子綦はおもむろに語りはじめる。

人籟については、なんにも語らない。息を吹きつければ笛は音をたてる。じっさい笛を吹いてみれば、いくらでも日常的に経験できる。

地籟については、やたらとくわしく語っている。どうして風が吹くのかはわからないけれども、ひとたび吹こうものなら、ありとあらゆる穴という穴はさまざまな音をたてる。

ひとしきり饒舌《じょうぜつ》に語ったかとおもうと、子綦《しき》はいきなり口をつぐむ。あれ？　肝心の天籟《てんらい》についてなんにも語っていないではないか。

子綦がだまってしまったので、子游《しゆう》は「地籟《ちらい》は則ち衆竅《しゅうきょう》是《こ》れのみ。人籟《じんらい》は則比竹《ひちく》是れのみ」と念を押したうえで、「敢《あ》えて天籟を問う」とあらためて天籟について教えてほしいとせがむ。天籟についてはなんにも語ってくれていないのだから、これは当然のリクエストだ。

すると子綦は「夫《そ》れ吹くこと万《よろず》にして同じからざるも、而《しか》も其れをして己《おの》れに自《みずか》らせしむるなり。咸《み》な其れ自ら取る」と謎のようなことをいって、ひと息いれる。

この子綦の言葉がもし子游のリクエストにこたえたものならば、かならずや天籟について説いてくれているはずだ。

子綦はいう。「夫れ吹くこと万にして同じからざるも」と。吹きつける息や風のありかたはさまざまだし、吹きつけられる笛や穴のありかたもいろいろだから、あらわれる音はどれひとつとして同じものはない、と。これはよく理解できる。

子綦はつづける。「其れをして己れに自らせしむるなり。咸な其れ自ら取る。怒《ど》する者は其れ誰ぞや」と。音はそれぞれ同じでないけれども、どの音もすべてそれ自体において音をたてるようになっているという意味ではみずから音をたてているわけで、そんなふうに音をたてさせている何者かなんているのだろうか、と。これがすんなりとは理解できない。

いよいよ天籟について説いてくれるかとおもったら、子綦は「怒する者は其れ誰ぞや」といって首をかしげる。

この世界をしてこのようであらしめている「怒する者」がいるとすれば、それは万物をつかさどっている超越的な何者かということになる。そういう何者かが音をかなでさせているとすれば、その音こそが天のかなでる音ということになる。ところが、そのような超越的な何者かなんてどこにもみあたらない。そんな不可思議なもののかなでる特別な音をきいたものなどだれひとりいない。

人籟をして人籟たらしめているもの、地籟をして地籟たらしめているもの、そんな何者かがいたりしたら、それはもう万物の創造主ともいうべき超越的な絶対者だろう。そんなミステリアスなものをもちだされた日には、そこで話はおわってしまう。

吹く人それ自身、吹かれる笛それ自体、そこに音はない。人に吹かれることによって笛は音をたてる。人という物と笛という物とが相俟《あいま》って、はじめて音が鳴る。

吹きつける風それ自体、吹きつけられる穴それ自体、そこに音はない。風に吹かれることによって穴は音をたてる。風という物と穴という物とが相俟《あいま》って、はじめて音が鳴る。さまざまな物それ自体は、それのみでは音のないものだ。それ自体は音をもたない物どうしが関係することによって、そこに音が生まれる。

天というワン・アンド・オンリーな何者かがいて、この世界における音のありかたを差配しているわけではない。とはいえ、さまざまな音はデタラメに生まれてくるわけでもない。物と物との関係はすべて自然の法則にしたがっている。

自然の法則そのものは、もちろん物ではない。この世界に存在している物と物との関係において、おのずから物のありかたが定まってくる。その定まりかたには必然性があり、法則性がある。

万物のありかたは千差万別だ。この千差万別な世界をつかさどる主宰者をもとめたりすると、天をいたずらに神格化することになる。万物をつかさどる神のごときものへと天をまつりあげることを、子綦《しき》は断乎としてしりぞける。

子綦はいう。「咸《み》な其れ自《みずか》ら取る」と。物と物とが関係しあうことによって、すなわち物それ自体のありかたにおいて、あたかもみずから音をたてるかのように、あらゆる音は生まれてくる。

子綦はさらにいう。「怒する者は其れ誰ぞや」と。人籟《じんらい》をして人籟たらしめるような、地《ち》籟《らい》をして地籟たらしめるような、そんな超越的・絶対的な一者といったものなどはいない。

それ自体はことさらな価値をもっていない物どうしが、自然の法則にしたがって関係しあうとき、そこに出来事が生まれる。そのさい物と物との関係において必然的かつ合理的にはたらいているもの、それが自然の法則だ。

物がそれにしたがって存在している法則性を、物が存在することそれ自体のうちにみいだす。そのことによって万物は「自然」となる。自然とは、みずからのうちに原理・法則をふくむもののことだ。

世界とは、物と物との関係において不断にかたちづくられている全体の表現だ。そこにおける万物は、自然の法則をみずからのうちにはらみながら、おのおの自然のなりゆきで存在している。

自然の法則はべつに万物のありかたを主宰してなどいない。自然の法則とは、物と物との関係において必然的にたどるべき自然のなりゆきを記述するものでしかない。

絶対性を内在させていることにおいて存在している物にとって、一切のことは物それ自体のありかたにおいて了解されている。物を超えた神秘的な「怒《ど》する者」など、まったく不要だ。

天籟《てんらい》をきくとは、万物がおのずからたどらざるをえない自然のなりゆきに身をゆだねることだ。なにかしら超越的・絶対的な一者が、人籟《じんらい》や地籟《ちらい》の鳴りかたを、すなわち世界のありかたを、トップ・ダウンにきめているというアイデアそのものを、子綦《しき》はしりぞける。

易《えき》の書為《た》るや、広大にして悉《ことごと》く備わる。天道有り。人道有り。地道有り。(『易経』繋辞下伝・第十章)

いにしえの中国には、天・地・人の「三才」をもって森羅万象をあらわすという発想があった。人籟や地籟があるからには天籟なるもののもあるはずだというのが当時のひとびとの常識だったんじゃないだろうか。そういった当時の常識にたいして、子綦は「怒する者?そんなミステリアスなものがどこにいるの?」といぶかしむ。

人や地とは別に天なるものがあって、それが人や地のありかたを定めているというのが当時の通念だったとすれば、そういう絶対的な主宰者としての天という考えかたを、子綦はキッパリと否定してみせる。

子綦の言説には、自然界における個々の物をみるとき、物に内在する性質のみによってみるのではなく、一切の現象にあてはまる法則によってとらえようとする姿勢がみてとれる。自然の法則はそもそも規範的なものだ。それに物差しのようなものを外側からあてがって法則か法則でないかをはかることなどできっこない。自然の法則は物差しそのものだから、それが真か偽《ぎ》かをたしかめることは、はなから無理だ。

天籟とは森羅万象にゆきわたる自然の法則だという理解は、たぶん的を射ている。ただし、その自然の法則は人籟や地籟においてある、とつけくわえておく必要がある。

自然の法則なるものが、この世界に存在するもろもろの物から独立したものとして存在しているわけではない。自然の法則は自然の外にはない。それは自然の内にある。ひとが自然のなかに発見すべきものとしてある。

真宰《しんさい》の章

夜空にかがやく星々はそれなりに規則正しくうごいている。規則性そのものはよくわからない。けれども、なにかしら法則めいたものによって世界の全体があやつられているような気がする。

いにしえの中国にあって、現在知られているような物理法則、たとえばエネルギー保存の法則やエントロピー増大の法則は、なにひとつ知られていなかった。にもかかわらず物と物とのかかわりには規則性があるにちがいないという直観がなりたつ余地はあった。

自然の法則そのものを五感でとらえることはできない。自然の法則がはたらいていることについて物のほうから限定的にとらえることはできない。

だから物としては、自然の法則にしたがって行動しようなどとガンバる必要はない。どんなに好き勝手にふるまおうとも、好むと好まざるとにかかわらず、あらゆる物はつねにエネルギー保存の法則やエントロピー増大の法則にしたがってふるまっている。

ただし、ひとり人間という生きもののみは、「知」「言《ことば》」によって、そういう世界のありようを認識しようとする。


大きな知恵はゆったり。小さな知恵はこせこせ。

大きな言葉はおおらか。小さな言葉はぺちゃくちゃ。

眠っているとき、心は（なにかと）まじわる。起きているとき、身は（なにかと）ふれあう。（眠っているときも起きているときもなにかと）関係をむすび、つねに心をはたらかせている。（そのはたらきかたは）ゆっくりだったり、どっぷりだったり、ぴったりだったりする。

小さな恐怖はびくびく。大きな恐怖はぼんやり。

（幼いころの）心のはたらきが弓矢のようにすばやいのは、ものごとの是非をあらそうさまをいう。（若いころの）心のはたらきが誓約のようにかたくななのは、おのれの利益をまもろうとするさまをいう。（齢《よわい》をかさねるとともに）心のはたらきのすさんでゆくことが秋冬のようにさびしいのは、日に日におとろえてゆくさまをいう。心のはたらきが（時のながれに）溺れるようにおとろえてゆくことは、これをもとにもどすことはできない。（老いるにつれて）心のはたらきが閉ざされることが封じこめられるようになるのは、心のはたらきが老いさらばえることをいう。いよいよ死に近づけば、もはや心のはたらきをよみがえらせるすべはない。

大知閑閑、小知間間。

大言炎炎、小言詹詹。

其寐也魂交。其覚也形開。与接為レ構、日以レ心闘。縵者、窖者、密者。

小恐惴惴、大恐縵縵。

其発若二機栝一、其司二是非一之謂也。其留如二詛盟一、其守レ勝之謂也。其殺如二秋冬一、以言二其日消一也。其溺之所レ為レ之、不レ可レ使レ復レ之也。其厭也如レ緘、以言二其老洫一也。近レ死之心、莫レ使レ復レ陽也。


大知は閑閑《かんかん》。小知は間間《かんかん》。

大言は炎炎《えんえん》。小言は詹詹《せんせん》。

其の寐《い》ぬるや魂交わる。其の覚《さ》むるや形開く。与《とも》に接して構を為し、日《ひび》に心を以て闘う。縵《まん》なる者、窖《こう》なる者、密なる者あり。

小恐は惴惴《ずいずい》。大恐は縵縵《まんまん》。

其の発すること機栝《きかつ》の若《ごと》しとは、其の是非を司《つかさど》るの謂《いい》なり。其の留まること詛盟《そめい》の如しとは、其の勝ちを守るの謂なり。其の殺すること秋冬の如しとは、以て其の日に消するを言うなり。其の溺るることの之を為す所、之を復せしむ可からざるなり。其の厭《えん》するや緘《かん》せるが如しとは、以て其の老洫《ろういつ》を言うなり。死に近きの心は、陽に復せしむる莫《な》きなり。

「知」とは、みずから世界を認識するはたらき。「言《ことば》」とは、みずからの認識を言語であらわすこと。

この世界を認識し、それを言語で表現する。そういう人間の営みについて論ずるというスタンスで、斉物論篇《せいぶつろんへん》はつらぬかれている。

荘子《そうし》はこの世界に物が存在することの意味や根拠を問うているのではない。この世界をとらえる人間の「知」が真であるための条件を問うている。人間の知における物の認識と物の認識とのかかわりを論じている。

人間の「知」「言」について、荘子はそれぞれ大と小とに分ける。

「大知」とは「閑閑」たる知。「小知」とは「間間」たる知。「大言」とは「炎炎」たる言。「小言」とは「詹詹」たる言。要するに「閑閑」「炎炎」たることを大といい、「間間」「詹詹」たることを小という。

いったい「閑閑」と「炎炎」とに、「間間」と「詹詹」とに、なにほどのちがいがあるのだろう？

眠っているとき、心はなにかとまじわる。寝返りくらいはうつとしても、身はうごいていない。夢をみるなど、心のはたらきはある。

起きているとき、身はなにかとふれあう。心のはたらきによって身をうごかし、さまざまの物と関係をむすんでいる。心は寝ても覚《さ》めても休まずはたらいている。縵《まん》（ゆっくり）窖《こう》（どっぷり）密（ぴったり）とさまざまだが、大きければ大きいなりに、小さければ小さいなりに、心は不断にはたらいている。

いったい「縵・窖・密」に、なにほどのちがいがあるのだろう？

荘子《そうし》は「恐」についても大小を分けている。

恐怖という心のありかたは、大きいよりも小さいほうがマシとおもってか、「小恐は惴惴《ずいずい》。大恐は縵縵《まんまん》」と、大小をいう順序がひっくりかえされている。

とはいえ「惴惴」と「縵縵」とに、なにほどのちがいがあるのだろう？

「知・言・恐」といった心のはたらきは、のべつ自然の法則にしたがっている。こざかしく「大・小」に分けるなど無用のしわざだ。

現に存在している物は、おしなべて価値ある存在だ。存在しなくてよい物など、この世にひとつとしてない。ただしその価値は、存在すべき物として存在させられていることによる価値であって、その逆ではない。

万物はそれぞれ絶対の価値をみずからに内在的に有している。それゆえ万物それぞれが存在の根拠なのだ――というわけではない。おのれが自然の法則にしたがっているという仔細《しさい》は、当の物にとっては知るすべがない。万物はおのれの存在の仕方を自然の法則からいつのまにか付与されてしまっている。

荘子は物にむかってみずからの無根拠への自覚をうながしているわけではない。そんなふうに自己否定を自己肯定するなんてことはできっこない。ことさら自覚するまでもなく、おのれの存在をつかさどっている自然の法則のほうから、おのれの存在を肯定すべきものとして、あらゆる物は存在させられてしまっている。

物のぶんざいで、自然の法則にしたがっている「知・言・恐」にかんして、いちいち「大・小」を分別することは不可能だし、そもそも不必要だ。


よろこぶ・おこる・かなしむ・たのしむ、なやむ・なげく・うつろう・とらわれる、うわつく・わがまま・あけすけ・わざとらしい（といった心の様相があらわれる）。

音楽は（笛の穴という）カラッポのところから生まれる。しめった蒸気（という形のないもの）がキノコを生みだす。（心の様相も）昼となく夜となくかわるがわるあらわれるけれども、どのようにしてあらわれるのかという事情を知ることはできない。

やめよう、やめよう。どうして（生きている）みじかい時間のうちに、心の様相がどのようにして生ずるのかという仔細《しさい》を知ることができようか。


喜怒哀楽、慮嘆変熱、姚佚啓態。

楽出レ虚。蒸成レ菌。日夜相-二代乎前一、而莫レ知二其所一レ萌。

已乎已乎。旦暮得三此其所二由以生一乎。


喜《き》怒《ど》哀楽《あいらく》、慮嘆変熱《りょたんへんしゅう》、姚佚啓態《ちょういつけいたい》。

楽《がく》は虚《きょ》より出づ。蒸《じょう》は菌《きん》を成す。日夜に前に相代わりて其の萌《きざ》す所を知る莫《な》し。

已《や》みなん、已みなん。旦暮《たんぼ》に此の其の由《よ》りて以て生ずる所を得《え》んや。


外なる物と関係することのない内なる心だけが人間において表象されることはない。心はそれ単独ではいかなる表象をももちえない。

外なる物と関係することによって、内なる心に「喜怒哀楽、慮嘆変熱、姚佚啓態」といった様相があらわれる。人間という物（人間もまた物のひとつだ）の心のはたらきは、さまざまな物との関係において生ずる。

心の様相は、昼となく夜となく、かわるがわる変化している。さっきまで笑っていたのに、いつのまにか泣いていたりする。

心の様相の変化は、世界における物の変化にともなって生ずる。心だけで単独に変化するわけじゃない。うつくしい音楽を耳にすれば、もっとききたいとおもう。おいしいキノコを口にすれば、もっと食べたいとおもう。

物と物とはおのずから関係しあっている。関係そのものをうながす物を超えた何者かなど、どこにもみいだされない。カラッポのところから音やキノコが生まれてくるように、物と物とが関係していること自体において、そこに法則性があらわれているにすぎない。

「其の萌す所を知る莫し」と荘子《そうし》はいう。物はみな自然の法則にしたがっているとしても、そのことを物みずからが基礎づけることはできない。物と物との関係それ自体においてあらわれている法則性そのものの何たるかは、物のよく知るところではない。

自然の法則について問うことは、この世界が存在することの根拠について問うことだ。この問いがすでに問いとしてなりたっているからには、その答えは全体としての世界の外部に位置するよりほかない。そんなふうに一切の存在するものの外部にあるものは、もはや端的《たんてき》に「ない」ものであらざるをえない。

自然の法則という「ない」にひとしいものは、それを問うことがそれなしにはありえないものとして、あらゆる問いにさきだって到来してしまっている。自然の法則にしたがって存在している万物は、現に「ない」がはたらいていることを示《しめ》しつつ存在することしかできない。それが世界のリアリティーならば、万物を超えた神秘的なものが端緒《たんしょ》にあって、そこから万物が流出しているといったフィクションをつづることは、およそ無益だ。荘子は「已《や》みなん、已みなん」と無用な穿鑿《せんさく》の断念をうながす。

アレがなければ（それと関係する）自分はない。自分がなければ関係するものもない。これは真実のありかたに近い。しかしながら、なにがそのようにさせているのかはわからない。

まるで真の主宰者がいるかのようだ。しかしながら、そのような何者かのいる形跡はみあたらない。

（アレと自分との関係をつかさどるものが）ゆきわたっていることはハッキリしている。けれどもその（アレと自分との関係をつかさどるものの）すがたはみつからない。（関係しているという）事実はあるが、（関係をつかさどっているものの）すがたはない。

（ひとの身には）百の骨節、九つの穴、六つの内臓、さまざまの器官がそろっている。わたしはそのうちのどれかだけを（依怙贔屓《えこひいき》して）大事にするだろうか。おまえはそれらのすべてを（十把一絡《じっぱひとから》げに）大事にするだろうか。

もしどれかだけを私的に大事にするならば、そのような場合（その私的に大事にされる器官のほかの器官はすべて）どれもみなただ命令されるだけの下僕となるのだろうか。そんなただ命令されるだけの下僕どうしがたがいにうまく関係しあうことはできるだろうか。たがいに交替して君主となったり臣下となったりするとでもいうのだろうか。それともどこかに真の君主がいるのだろうか。

（さまざまの器官がたがいに関係している）事実をもとめて得《え》られるか得られないかといったことは（さまざまの器官がたがいに関係している）真実のありかたを増減させるものではない。

非レ彼無レ我。非レ我無レ所レ取。
是亦近矣。而不レ知二其所一レ為レ使。
若レ有二真宰一。而特不レ得二其眹一。
可レ行已信。而不レ見二其形一。有レ情而無レ形。

百骸、九竅、六蔵、賅而存焉。吾誰与為レ親。汝皆説レ之乎。其有レ私レ焉、如レ是皆有レ為二臣妾一乎。其臣妾不レ足二以相治一乎。其遞相為二君臣一乎。其有二真君存一焉。如下求得二其情一与上不レ得、無レ益二損乎其真一。

彼に非《あら》ざれば我無し。我に非ざれば取る所無し。是《こ》れも亦《ま》た近し。而《しか》れども其の使《せし》むるを為す所を知らず。真宰《しんさい》有るが若《ごと》し。而れども特《ひと》り其の眹《あと》を得《え》ず。行《や》る可きこと已《はなは》だ信なり。而れども其の形を見ず。情有れども形無し。百骸、九竅、六蔵、賅《そな》わりて存す。吾誰と与《とも》に親しむを為さん。汝皆之を説《よろこ》ばんや。其《も》し焉《これ》を私《わたくし》すること有らば、是《か》くの如きは皆臣妾《しんしょう》と為ること有らんや。其れ臣妾は以て相治むるに足らざらんや。其れ遞《たが》いに相君臣と為らんや。其れ真君の存すること有らんや。求めて其の情を得ると得ざるとの如きは、其の真を益損する無し。

荘子《そうし》は「彼に非ざれば我無し。我に非ざれば取る所無し」という。「彼」と対《つい》になるのが「我」であるのは大事なところだ。

自分（我）が物とかかわることによって、世界は様相をともなってあらわれる。世界が様相をともなってあらわれるのは、ひとえに自分がそれを「知」で認識し、「言《ことば》」で表現するからだ。自分がいなければ、この世界はない。まさに「我に非ざれば取る所無し」だ。

自分（我）の知のはたらきを、カラッポのところから生まれる音をきくことや、しめった蒸気がそだてたキノコを食べることで譬《たと》えていたのは、いまにしておもえば巧妙だ。

物と物とが関係することによって空気の振動やキノコが生ずる。空気の振動やキノコは、それを音や食べものという価値あるものとして認識する生きものがいなければ、音や食べものとしては存在しない。

カラッポの穴から音が生まれる。それが意味のある音として存在するためには、その音をきく、つまり心をもつ、生きものが存在しなければならない。

意味のある音は、たんなる自然現象としては存在しない。空気の振動は、心をもつ生きものがそれをきくとき、心地よい音、耳ざわりな音等々、さまざまな様相をあらわす。

心をもつ生きもの、とりわけ人間は、音を素材として芸術表現をおこなう。いわゆる音楽だ。そこで表現されるものは、音を価値のあるものとしてきく心のはたらきだ。

しめった蒸気からキノコが生まれる。それが美味しい食材として存在するためには、それをよろこんで食べる、つまり心をもつ、生きものが存在しなければならない。

美味しい食材は、たんなる自然現象としては存在しない。食材は、心をもつ生きものがそれを食べるとき、うまい味、まずい味等々、さまざまな様相をあらわす。

心をもつ生きもの、とりわけ人間は、食材をもちいて芸術表現をおこなう。いわゆる料理だ。そこで表現されるものは、食材を価値のあるものとして食べる心のはたらきだ。

自然界をつまびらかに観察しても、そこに価値が生まれてくるメカニズムをみいだすことはできない。自然界にもともと存在しない価値というものは、心のはたらきによって生まれる。もし「其の萌《きざ》す所」があるとすれば、それは自然界にではなく、それを受けとめる心にみいだされる。

心と身とをもつ人間という生きものは、もちろん自然界における物のひとつだ。もし価値の「由《よ》りて以て生ずる所」があるとすれば、それは物のあつまりとしての自然界のなかにみいだされる。

物と関係をむすばなければ、自分（我）はない。自分がなければ、物と関係をむすぶこともない。このことは真実のありかたに近いことは近い。けれども真実そのものだと断定することはできない。それかあらぬか、もっとも身近なはずの身体のメカニズムすらよくわかってはいない。

もろもろの器官のはたらきは、これが君主であれが臣下だといった主従の関係にはない。心臓は心臓として、胃袋は胃袋として、それぞれ然《しか》るべくはたらいている。どれかの器官だけを意識的に大事にすることはない。

もろもろの器官がつつがなく機能しているからには、あらゆる器官をはたらかせている主宰者がいてもよさそうなものだ。が、そういう具体的な何者かはみつからない。なにかがはたらいているという事実はあっても、じっさいにはたらいている形跡はみられない。

物と物との関係がどんなふうに法則にしたがっているのかは分明でない。けれども物と物との関係はたしかに法則的だし、そこに秩序があることは明白だ。

生きものの身体（小宇宙）のなかには、世界（宇宙）の秩序とひとしい秩序が、たしかに存在するとおぼしい。じゃあ、この身の秩序をつかさどる主宰者はいるのか？　いるとすればそれは心なのか？　その心は身のはたらきなのか？　身の各部分が秩序をもっていることが心のある状態ということになるのか？

万物をことごとく臣下とするような君主はいない。五臓六腑についても、これが君主であれが臣下だときめつけるのはナンセンスだ。臓器それぞれをとらえるのではなく、臓器どうしの関係、臓器どうしの調和、すなわち身体の全体にそなわる秩序にしたがうよりほかない。

秩序をつかさどっている主宰者がいるかのようだが、身体のどこをさがしても、そのような何者かはいない。秩序のあるらしいことがわかるだけで主宰者のすがたがみつからないという事実は、主宰者が存在するかどうかという問題にたいして有利でもなければ不利でもない。

ひとたび形をそなえた身として生まれてきたからには、いたずらにほろぼすようなことはせず（自然の法則にしたがって）朽《く》ちてゆくのにまかせよう。

（外にある）物とたがいに痛めつけあい、たがいに傷つけあうような（自然の法則にしたがわない）ありかたをすれば、またたくまに朽ちてゆくことは駆けぬけるようにすみやかで、それをとどめることはできない。なんとも悲しいことではないか。

身がボロボロになるまであくせくはたらいても、なにひとつ成しとげることはできない。くたくたに疲れきるまではたらいても、ゆきつくさきを知ることもできない。まことに哀れではないか。

まだ死んではいないといってみたところで、それがなんの足しになるだろう。身が老いぼれてゆくにつれて、心もまたいっしょに老いさらばえてゆく。いやはや悲惨といわずにおれようか。

ひとが生きるというのは、どうしようもなく暗闇のなかをさまようようなものなのだろうか。それとも自分ひとりだけが暗闇をさまよっているのであって、ほかのひとのなかには暗闇をさまよったりしないものもあるのだろうか。

　そもそも心のはたらきを手本とするならば、だれひとりとして手本をもたないものはいない。とはいえ心はのべつ変化してやまないものだと知りながら、なおも心のはたらきにしたがおうとするものなどいるだろうか。どんな愚かものであろうともみな心をもっているというのに。

（さりとて）まだ心のはたらきもそなわっていないのに、すでに是か非かを判断できるというのは、今日越《えつ》にでかけてゆき、昨日たどりついた、というくらいナンセンスなことだ。

　それは有りもしないことを有るとするようなものだ。有りもしないことを有るとするなど、たとえ神のごとき禹《う》がいたとしても、それがどういうことなのかを知ることはできない。（まして神ならざる身の）わたしにはどうすることもできない。

一受二其成一形、不レ亡以待レ尽。与レ物相刃相靡、其行尽如レ馳、而莫二之能止一。不二亦悲一乎。終レ身役役而不レ見二其成功一。苶然疲役而不レ知二其所一レ帰。可レ不レ哀邪。人謂二之不一レ死、奚益。其形化、其心与レ之然。可レ不レ謂二大哀一乎。

人之生也、固若レ是芒乎。其我独芒、而人亦有二不レ芒者一乎。
夫随二其成レ心而師レ之、誰独且無レ師乎。奚必知レ代而心自取者有レ之。愚者与有レ焉。
未レ成二乎心一而有二是非一、是今日適レ越而昔至也。
是以レ無レ有為レ有。無レ有為レ有、雖レ有二神禹一、且不レ能レ知。吾独且奈何哉。

一《ひと》たび其の形を成すを受くれば、亡《うしな》わずして以て尽くるを待つ。物と相刃《じん》し、相靡《び》さば、其の行くゆく尽くること馳《ち》するが如くにして、之を能《よ》く止《とど》むる莫《な》し。亦《ま》た悲しからずや。

身を終うるまで役役《えきえき》として其の成功を見ず。茶然《でつぜん》として疲役して其の帰する所を知らず。哀れまざる可けんや。

人之を死せずと謂うも、奚《いず》くんぞ益あらん。其の形化さば、其の心之と与《とも》に然《しか》り。大哀と謂わざる可けんや。

人の生くるや、固《もと》より是《か》くの若《ごと》く芒《くら》きか。其れ我独り芒くして、人亦た芒からざる者有るか。

夫《そ》れ其の心に成すに随《したが》いて之を師とさば、誰か独り且《は》た師無からんや。奚《なん》ぞ必ずしも代わるを知りて心に自ら取る者の之有らんや。愚者も与に焉《これ》有り。

未《いま》だ心に成さずして是非有るは、是《こ》れ今日越《えつ》に適《ゆ》きて昔至るなり。

是れ有る無きを以て有りと為す。有る無きを有りと為すは、神禹《しんう》有りと雖《いえど》も、且た知る能《あた》わず。吾独り且た奈何《いかん》せんや。

真の主宰者など、どこにもみあたらない。じゃあなにを手本（師）として生きてゆけばよいのだろうか。この身？　それとも身にそなわる心？

まず身（成形）だが、これは手本とするに足りない。

もろもろの物とむきあい、せっせと身をうごかしてみても、けっきょく疲れたあげく「其の帰する所を知らず」というテイタラクにおわる。

では心（成心）はどうか。これも手本とするに足りない。

「成心」について、郭象《かくしょう》は「夫《そ》れ心の以て一身の用を制するに足る者、之《これ》を成心と謂う」と注している。成心とはこの身をコントロールする心のこと。心と身とは一心同体だ。ほろぶべき身をはなれた不朽の心などありえない。

自分の心を知るためには、自分の心の外に出なければならない。ガガーリンが「地球は青かった」といえたのは、地球の外に出たからだ。自分の心の外に出ることはできない。自分の心を完全に客観的にながめることはできない。

物どうしが関係をむすぶさまは「日夜に前に相代わりて其の萌《きざ》す所を知る莫《な》し」というよ

うに、どうしてそんなふうに関係しあっているのかはわからない。なぜそうなっているのかも不明なものを、どうして手本にできたりするだろうか。

おまけに「奚《なん》ぞ必ずしも代わるを知りて心に自ら取る者の之有らんや」というふうに、心のはたらきは物との関係によってのべつ「代わる」のだから、そんな覚束《おぼつか》ないものを手本として「自ら取る者」などいるわけがない。

みぎのように考えることは、中《あ》たらずといえども遠からずだとおもう。しかし、いささか気になることもある。

ありふれた事実として、ひとは変化する心にしたがって生きている。もしそれを指標としてえらばないというならば、なにを指標としてえらんでいるのだろう？　この問いにうまく答えられない。

物との関係によって変化するのが、心の自然なありかただ。だとすれば、そうではない格別な心をえらぶとでもいうのだろうか。それだと自然な心の代わりに不自然な心をみつけて、それをえらぶことになる。

なるべく自然な心を指標としたい。ところが心はたえず変化してやまない。いったい変化しない心などあるだろうか。変化しないものとして構想された心、それが自分にとっての

「真宰《しんさい》」だとでもいうのだろうか。

どちらでもない、と荘子《そうし》はいう。かりに指標があるとしても、それは自然な心でもなければ、いわゆる真宰でもない。そういった二者択一からはなれた、まったく自由な主体のありかた、それを荘子はもとめている。

身や心のなかに真宰をさがすのは、「有る無きを以て有りと為す」ような愚かなしわざだ。

ひとつとに自然の法則にしたがってしまっている物にとって、それは原理的に「知る能《あた》わ」ざることだ。

物と関係をむすぶことによって、そこに自分（我）のいる世界がひらける。心がさきか物がさきか、それはタマゴがさきかニワトリがさきかというようなものだ。

この世界がこのようである所以《ゆえん》はわからない。真の主宰者がいるかのようだけれども、そういうものの形跡はみつからない。さいわい身や心には自然の秩序がそなわっている。ひとまずその事実を受けいれて、さらに考察をつづけよう。

道枢《どうすう》の章

部屋のなかは存在する物であふれている。人間がやってきて、あるべき〇〇がないことに気づいて「〇〇がない」という。人間があらわれるまで、そこに「ない」のある余地はなかった。

人間という生きものは、言語をもちいて「言う」ことによって、「そうである」ところに「そうでない」をもたらすことができる。「ない」があることは、人間という自己自身を対象化できる自覚的な生きものの「言う」というはたらきに由来している。

ある物だらけの現実のなかに、人間は「〇〇がない」という可能性をもたらす。可能性をもたらそうとおもったら現物ではダメだ。それだと可能性じゃなくて現実になってしまう。

人間は言語をもちいて可能性の扉をひらく。言語がなければ可能性はない。可能性のないところに否定はない。否定とは現実と可能性とのギャップに生ずるものだから。

かくして「言う」ことがなければ「ない」もまたない。

そもそも（人間の）言う行為はたんに音をたてているだけではない。言う主体は言う行為をする。（ただ音をたてるだけでは）言われるべき意味はいまだハッキリと定まっていない。はたして言う行為をしたのだろうか。それとも言う行為をしていないのだろうか。（いやしくも人間が言う行為をするからには）ヒナが鳴き声をたてるのとはちがうといってみたところで、はたしてそこに区別はあるのか。それとも区別はないのか。

夫言非㆑吹也。言者有㆑言。其所㆑言者、特未㆑定也。果有㆑言邪。其未㆓嘗有㆒㆑言邪。其以為㆑異㆓於鷇音㆒、亦有㆑弁乎。其無㆑弁乎。

夫《そ》れ言うは吹くに非《あら》ざるなり。言う者には言う有り。其の言う所の者、特《た》だ未《いま》だ定まらざるなり。果たして言う有るか。其れ未だ嘗《かつ》て言う有らざるか。其れ以て鷇《こう》の音に異なれりと為すも、亦《ま》た弁有るか。其れ弁無きか。

風が吹くことによって地の穴は音をたてる。ひとが吹くことによって笛の穴は音をたてる。これら地や人が「吹く」こととちがって、ひとの「言う」という行為は、たんに音をたてるというだけではなにをしているかが「未《いま》だ定まらざるなり」と荘子《そうし》はいう。

なにをしているかが定まらないのは、いやしくも人間が「言う」からには、音をたてる以上のなにかをしているからだ。では、いったいなにをしているのだろう？

ひとが「言う」とき、「言われていること」つまり「音としてきこえていること」をあらわすとともに「言われていないこと」をもあらわしている。では、その言われていないこととはなんだろう？

言われていないこととは、すなわち知的な内容として伝えられることだ。

耳をすませば、いろんな音がきこえる。きこえるのは人籟《じんらい》や地籟《ちらい》として耳にとどく音の全体だ。

全体といっても、すべての音がきこえているわけじゃない。全体は無限集合だ。ぼくには地平としてしかあたえられていない。

ただしその地平には、川をながれる水の音、岸にうちよせる波の音、いろんな鳥の鳴き声、通りをゆく車の音等々、自然界のありとあらゆる音がふくまれている。

それらの音をきいて、ぼくはそれがなんの音であるかに気づく。川をながれる水の音であれ、木の枝にとまった鳥の鳴き声であれ、それぞれの音はそれを発するものの存在を告げている。存在についての知識、つまり知的な内容を伝えている。

いやしくも人間が「言う」からには、動物が鳴き声をたてるのとはちがって、「言われていないこと」「知的な内容として伝えられること」をもあらわしている。

そういった人間的なことがらと関係なく、もっぱらそれ自体としてのみ考えるべき純粋な空気の振動などありえない。ぼくの耳にとどく音は、つねに人間的なことがらのコンテクストのなかに存在している。

道がどこかに隠れてしまってどうして真偽《しんぎ》がありうるだろうか。言語がどこかに隠れてしまってどうして是非がありうるだろうか。

道はどこかに失踪して存在しなくなったりするだろうか。言語はどこかに存在しながら適合しなくなったりするだろうか。

道がちっぽけな成功に覆い隠され（たせいで真偽の区別があらわれ）、言語がみせかけの表現に覆い隠され（たせいで是非の区別があらわれ）る。

そんなふうに考えると儒家と墨家とのあいだに是非をめぐる議論がてきめんに起こってくる。「相手の非とするところを是とし、相手の是とするところを非とする」ことによって「相手の非とするところを是とし、相手の是とするところを非とする」ことをやろうとする。

（こういった是非の議論ではなく、自然の法則にしたがった）明智をもちいるほうがよい。


道悪乎隠而有二真偽一。言悪乎隠而有二是非一。

道悪乎往而不レ存。言悪乎存而不レ可。

道隠二於小成一、言隠二於栄華一。

故有二儒墨之是非一。以下是二其所一レ非而非中其所上レ是、欲下是二其所一レ非而非中其所上レ是。則莫レ若レ以レ明。


道は悪《いず》くに隠れて真偽《しんぎ》有る。言《ことば》は悪くに隠れて是非有る。

道は悪くに往《ゆ》きて存せざる。言は悪くに存して可ならざる。

道は小成に隠れ、言は栄華に隠る。

故に儒墨の是非有り。其の非とする所を是とし、而《しか》して其の是とする所を非とするを以て、其の非とする所を是とし、而して其の是とする所を非とせんと欲す。則ち明を以てするに若《し》く莫《な》し。


ここで「道」という語がはじめて登場する。さきに天籟《てんらい》の「天」を世界にゆきわたる自然の法則として理解した。この道もまた自然の法則として理解したい。

自然の法則は、時間・空間のなかに位置づけることができないのみならず、言語であらわすこともできない。かりに「道」とよんでおくけれども、これが最終的な表現というわけではない。

ふだん目にする花や動物や人間であれば、この花はバラだとか、あの動物はイヌだとか、このひとが山田くんですとか、それを指す「言」はある。ところが道にかんしては、それが指している単一のものがあるのかどうか、それすらわからない。

荘子《そうし》は「道」と「言」とをならべて論じている。

言語は、人間がそれを使うことによって、はじめて可能になる。そして人間が「言う」ことによって、物はそれとして存在するようになる。だから言語がさきで物があとだと考えたくなる。そういう考えかたの典型は、たとえば「太初《はじめ》に言《ことば》あり、言は神と偕《とも》にあり、言は神なりき。この言は太初に神とともに在り、万《よろず》の物これに由《よ》りて成り、成りたる物に一つとして之によらで成りたるはなし」(「ヨハネ伝福音書」)がそうだ。

いきなり完全なかたちで言語があたえられたというトップ・ダウンの言語観が幅《はば》をきかせると、ひとが言うことによって物の概念がもたらされるという健全な常識が通用しなくなる。

荘子は「道は悪くに隠れて真偽有る。言は悪くに隠れて是非有る」という。諸家はこう訳している。

道は（ただ一つの真実であるはずなのに）いったいどうして真実と虚偽とがあらわれたのか。言葉は（もともと素朴であるはずなのに）いったいどうして善し悪しの判断があらわれたのか。（金谷本）

道は何によって真と偽《ぎ》とのちがいが生じ、ことばは何によって是と非とのちがいが生じるんだろう。（福永本）

思想界においては、真の道が何かに隠されたためにその真偽《しんぎ》の対立が生まれているが、何に隠されたのだろうか。道を内容とする真の言葉が何かに隠されたためにその是非の論争が生まれているが、何に隠されたのだろうか。（池田本）

諸家いずれも、道が隠れることによって真偽があり、言語が隠れることによって是非がある、というふうに理解している。はたして荘子《そうし》の真意をちゃんと受けとめているのだろうか。なにを気にしているのかというと、道にしたがった言語による真偽や是非はないのか、本来あるべき真偽や是非というものはないのか、ということが頭にひっかかっている。

真偽や是非は、はなから否定すべきものでしかないの？　真偽や是非をまったく捨ててしまって人間の知的な営みがなりたつの？

荘子はつづけて「道は悪《いず》くに往《ゆ》きて存せざる。言は悪くに存して可ならざる」という。道や言語はあらゆるところに存在しているし、また適合している。道や言語がむざむざ隠れてしまうことなどない。そうだとすれば真偽や是非があることは、道や言語がどこかに隠れることとは、じつは関係がないんじゃないだろうか。

じゃあなにと関係があるのかっていうと、道がちっぽけな成功にくらまされ、言葉がみせかけの表現におおわれることによって、いつわりの真偽や是非があらわれてくる。

ちっぽけな成功、みせかけの表現とは、たとえば「儒墨の是非」がそうだ。「其の非とする所を是とし、而《しか》して其の是とする所を非とす」ることによって、自分が是で相手が非だとひとりよがりに主張することだ。

1　本来「真偽・是非」などないのに「真偽・是非」を主張するからダメだ。

2　道にしたがって言語をもちいた「真偽・是非」の主張でないからダメだ。

もし「儒墨の是非」のダメな理由が2ならば、道にしたがって言語をもちいた本来あるべき真偽や是非の主張がありうることになる。そう考えてよいならば、「道は悪くに隠れて真偽有る。言《ことば》は悪《いず》くに隠れて是非有る」はつぎのように訳すことになる。

道がどこかに隠れてしまって、どうして（本来あるべき）真偽がありうるだろうか。言語がどこかに隠れてしまって、どうして（本来あるべき）是非がありうるだろうか。

もちろんこれは反語的な表現だ。真意はつぎのようになる。

自然の法則である道が明らかになってこそ（本来あるべき）真偽が明らかになる。自然の法則にしたがった言語で明らかにされてこそ（本来あるべき）是非が明らかになる。

自然の法則としての「道」、自然の法則にしたがった「言」、これは普遍的に存在している。にもかかわらず儒墨の連中は、とるにたりない成功をひけらかして真偽をあげつらい、かりそめの表現にまどわされて是非をあらそっている。

道という自然の法則がはたらいているか否かの基準を「真偽」にもとめ、言語が自然の法則にしたがっているか否かの基準を「是非」にもとめるのは、そもそも本末転倒したやりかただ。いつわりの真偽や是非の区別が世間にあって幅《はば》をきかせているのは、皮相なものの見方にとらわれているせいだ。皮相なものの見方にまどわされているかぎり、本来あるべき「道」や「言」のありかたはわかりっこない。

ひとが言語をもちいて物と物との関係をとらえるとき、そこに価値が生まれる。価値とは、ひとが真偽を認識し、是非を表現することだ。

自然状態の人間は、自然の法則にしたがってふるまう。ところが文明状態の人間は「道は小成に隠れ、言は栄華に隠る」といったテイタラクなもんだから、まっとうな価値判断ができない。まちがった認識において「真偽」をとらえ、まちがった表現において「是非」をあらわす。たとえば儒家・墨家の「是非」の議論がそうだ。たがいに相手の非をいいつのる水掛け論は、「言う」のではなく「吹く」にひとしい。

相手の非とするところを是とすることは、相手の非とするところを非で「ない」とすることだ。相手の是とするところを非とすることは、相手の是とするところを是で「ない」とすることだ。

幸か不幸か、人間の言語は「ない」ことを表象できる。ミツバチの8の字ダンスは「蜜はない」ことを表象できない。頭のよい動物なら、ひょっとすると単純な否定の表象にもとづいた行動をとれるのかもしれない。しかし人間の行為は、一寸見《ちょっとみ》には単純のようでも、たくさんの否定の表象を媒介してなりたっている。

現に生きている自分の世界の全体の内容をごっそり変えてしまうことはできない。せめて自分の世界の光景のうち、なにを前景とし、なにを遠景とするか、その構図をアレンジすることに、ひとは自由をみいだす。

自由であるかどうかは、自分の世界をどう言語化するかにかかっている。もっとも適切に言語化できたもの、それがその時点での認識となる。

物（の認識）はアレでないものはなく、物（の認識）はコレでないものはない。（認識の対象である）アレからすれば（物は）見えないが、（認識の主体である）知からすれば（物を）知ることができる。

だから「アレはコレからあらわれ、コレはアレにもとづく」という。アレとコレとはいっしょに生まれるという説だ。

しかしながら（コレとアレとが）いっしょに生まれるなら（コレとアレとは）いっしょに死ぬし、（コレとアレとが）いっしょに死ぬなら（コレとアレとは）いっしょに生まれる。（コレとアレとが）いっしょに可なら（コレとアレとは）いっしょに不可で、（コレとアレとが）いっしょに不可なら（コレとアレとは）いっしょに可だ。是（の認識）にもとづくことは非（の認識）にもとづくことで、非（の認識）にもとづくことは是（の認識）にもとづくことだ。

そこで聖人はコレとアレとはいっしょに生まれるという説にはよらないで、天（という自然の法則）にのっとる。（現にある物という）コレのありかたに身をゆだねる。（自然の法則にしたがっているという意味では）コレ（の認識）もまたアレ（の認識）だし、アレ（の認識）もコレ（の認識）だ。アレ（の認識）はそのつど是だったり非だったりする。コレ（の認識）はそのつど是だったり非だったりする。はたしてアレとコレとは有るのだろうか。はたしてアレとコレとは無いのだろうか。

アレとコレとが（相対する）片割れをもたないこと、これを道の回転軸という。回転軸であってはじめて（相対的な関係をまぬかれた）円環の中心にたつことができ、ありとあらゆる無限の変化に自在に応ずることができる。（円環の中心にたてば）是はそのつど無限に変化し、非もそのつど無限に変化する。それゆえ（自然の法則にしたがった）明智をもちいるほうがよいというのだ。

物無レ非レ彼、物無レ非レ是。自レ彼則不レ見、自レ知則知レ之。
故曰、彼出二於是一、是亦因レ彼。彼是方生之説也。

雖レ然、方生方死、方死方生。方可方不レ可、方不レ可方可。因レ是因レ非、因レ非因レ是。是以聖人不レ由而照二之于天一。亦因レ是也。

是亦彼也。彼亦是也。彼亦一是非。此亦一是非。果且有二彼是一乎哉。果且無二彼是一乎哉。彼是莫レ得二其偶一、謂二之道枢一。枢始得二其環中一、以応二無窮一。是亦一無窮、非亦一無窮也。故曰レ莫レ若レ以レ明。

物は彼に非《あら》ざる無く、物は是《こ》れに非ざる無し。彼に自《よ》らば則ち見えざるも、知に自らば則ち之を知る。

故に曰く、彼は是れより出《い》で、是れも亦《ま》た彼に因《よ》る。彼と是れと方《なら》び生ずるの説なり。然《しか》りと雖《いえど》も、方び生ずれば方び死し、方び死すれば方び生ず。方び可なれば方び可ならず、方び可ならざれば方び可なり。是に因りて非に因り、非に因りて是に因る。是《ここ》を以て聖人は由《よ》らずして之を天に照らす。亦た是《こ》れに因るなり。

是れも亦た彼なり。彼も亦た是れなり。彼も亦た一是非。此れも亦た一是非。果たして且《は》た彼と是れと有るか。果たして且た彼と是れと無きか。

彼と是れと其の偶《ぐう》を得《う》る莫《な》き、之を道の枢《とぼそ》と謂う。枢にして始めて其の環中《かんちゅう》を得て、以て無窮に応ず。是も亦た一無窮、非も亦た一無窮なり。故に明を以てするに若《し》く莫しと曰う。

荘子《そうし》は「物は彼に非ざる無く、物は是れに非ざる無し」という。これを「物はアレでないものはなく、物はコレでないものはない」「物はアレでありうるし、物はコレでもありうる」というふうに物のレベルで考えると、あらゆる物はいっしょくたということになってしまう。荘子は、この世界を認識し、表現することについて論じている。物の認識はアレでないものはなく、物の認識はコレでないものはない、と。

荘子は、この世界に物が存在することの意味や根拠を問うているわけではない。言語をもちいて世界をとらえる人間の「知」が真であるための条件を問うている。そのことは、つづく「彼に自《よ》らば則ち見えざるも、知に自らば則ち之を知る」を読めばわかる。

クリアしておくべき問題がある。それは「自彼則不見、自知則知之」の訓読の仕方だ。

金谷本は「自ら彼とすることは則ち見えず、自ら知ることは則ちこれを知る」と、ふたつの「自」を「みずから」と副詞でよみ、「自分で自分を彼とすることは分からないが、自分で自分を此《これ》としてわきまえることは分かるものである」と訳している。

福永本および池田本は「彼自りすれば則ち見えず、自ら知れば則ち之を知る」と、ふたつの「自」を「より」「みずから」とよみ分け、福永本は「彼の立場からは見えない物であっても、その物自身の立場に立てば知ることができて、それは是《こ》れと呼ばれる」と訳し、池田本は「彼の立場からすれば見えないものが、此の立場に立てばよく分かる」と訳している。「自彼則不見」と「自知則知之」とは対句をなしている。だから福永本・池田本のように「自」をよみ分けることには違和感をおぼえる。じゃあ金谷本のように「自」をどちらも「みずから」とよめばよいかというと、「彼」を「彼とする」と名詞ではなく動詞としてよむのは、いかにも苦しい。

ぼくは「彼に自らば則ち見えざるも、知に自らば則ち之を知る」と、「自」をどちらも「よる」と動詞でよみ、「アレからすれば見えないが、知からすれば知ることができる」と訳している。そうすると今度は「知に自らば」の解釈がむずかしくなる。

いささか苦肉の策めくが、認識の対象である「彼」と対《つい》になるもの、すなわち認識の主体である知（知るもの・知ること）として「知」を理解しておきたい。「彼に自らば則ち見えざるも」とは、見られる客体のほうからは物のありさまは認識できないということで、「知に自らば則ち之を知る」とは、知る主体のほうからは物のありさまを認識できるということだ。

「見る・知る」は、認識の主体である自分（我）がおこなうことであって、認識される客体がおこなうことではない。見られる対象のほうから物のありさまを客観的に「見る」ことはありえない。知る主体は物のありさまを主観的に「知る」ことができる。

窓の外の景色をながめている。雪がふりはじめる。木の枝に雪がふりつもる。風景がすこしづつ白くなってゆく。自然界のありようは、木々の細い枝の先っちょにいたるまで、ことごとく自然の法則のはたらきを十全にあらわしている。

自然のほうから変化を押しつけてくることはない。窓の外の景色をながめていると、木々の細い枝に雪がふりつもってゆくことと自分が存在していることとが、いつしか共鳴しはじめる。なにかが「わかる」とはそういうことじゃないだろうか。

荘子《そうし》が「見る・知る」といった認識のありかたについて論じていることを看過してはならない。物の認識にかんして「絶対にコレとしか見ることができない」「絶対にアレとしか知ることができない」ということはない。近づけばコレと見る。遠ざかればアレと見る。経験すればコレと知る。経験しなければアレと知るにとどまる。

ただし、と荘子は釘を刺す。ただし認識という営みは、あくまでも自分（我）がおこなうものでしかありえない。ある物を、認識の客体である「彼自り」見ることはない。認識の主体である「知に自」って知るのだ。

荘子は物と物との相対性について論じているのではない。物の認識と物の認識との相対性について論じている。物それ自体の相対性など、いったいなにを意味しているのかすらわからない。相対性とはそもそも認識にかかわることだ。

「見る・知る」ことは、しょせん主観的な営みであって、けっして客観的な出来事ではない。ある物について「コレはコレであってアレではない」ときめつけてしまうと、みずからの立場を相対化できなくなる。

「知に自らば則ち之を知る」を、自分は相対的に認識しているにすぎないと自覚することによって相対性を超えた認識のありようを知ることができる、という含意のもとに読《よ》んでみたい。相対的な立場にたっていることを自覚するならば、みずからの相対的な立場を超えることができる、と。

物を「コレと見る」「アレと知る」ことは、物を「コレとしか見ない」「アレとしか知らない」と相対的に認識することだ。このことを自覚するか否かがポイントだ。

みずからが相対的な立場にたっていることを自覚すれば、みずからの認識を絶対視することはない。「自分にはこう見えるけれども立場を変えれば別のように見えるだろう」とわきまえる。こんなふうにみずからの認識を相対化できるというのは、ある意味ですでに相対的な認識のありかたを超えている。

もっとも、みずからの認識の相対性を自覚することによって相対的な立場を超えるといっても、それがただちに絶対的な立場にほかならないということにはならない。では、どうやって相対的な認識のありかたを超えるのだろう？

自分が存在する世界には他人もまた存在する。自分のほかにも自分と同じように認識する他人がいる。このことに気づくことによって、自分は相対的な立場にたっているにすぎないと自覚することができる。自分はある物を認識しているが、他人もその物を認識している、と。

他人の認識の仕方が自分の認識の仕方とちがうことは、たがいに言語によって考えを共有することによってわかりあえる。みずからの立場が相対的なものにすぎないことは、べつに絶対的な立場にたたなくても知ることができる。

もし絶対的な立場というものがあるとすれば、物にかんする一切の可能な認識のありかたをダイレクトにわかっているような立場だろう。が、そのような立場はない。すくなくとも人間にとって、そのような立場はない。ひとは神のごとく認識することはできない。

アレとよぶことができない物はなく、コレとよぶことができない物もない、という認識の相対性を論ずるにあたり、間接的にではあるが、荘子《そうし》は他人に注目している。

どんな物でも、その近くにいるものにとってはコレだ。どんな物でも、その遠くにいるものにとってはアレだ。ここには明らかに「言語」へのまなざしがうかがえる。それとともに、物をコレとよぶひとがいれば、同じ物をアレとよぶひともいる、という「他者」へのまなざしもまたみてとれる。

荘子《そうし》はこの世界に物が存在することの意味や根拠を問うているのではない。この世界をとらえる人間の「知」が真であるための条件を問うている。

真である条件は、知識について論ぜられるべきものだ。しかし知識が知識であるためには、真理である条件だけでは不十分だ。荘子はそれを他人と共有できる「言う」ことにみいだす。言語と他人とへの関心のもとに「彼に自《よ》らば則ち見えざるも、知に自らば則ち之を知る」を読むならば、アレやコレにこだわっていたら見えないが、知（という他人と共有できるもの）によれば物の真のありかたを知ることができる、と読むことになる。

みずからの見方を相対化し、みずからの立場を絶対視することをまぬかれることができるのは、言語によって他人と「知」を共有できるからだ。

その「知」はいまだ不完全だ。なぜ不完全かというと、絶対の知にダイレクトに到達するような立場は人間にはないから。ただし他のひとびとと協力することによって、いくらかでも真の知に近づくことはできる。

コレという認識やアレという認識がそれぞれ単独でおこなわれることはない。近い物をコレと認識し、遠い物をアレと認識する。コレという認識とアレという認識とはたがいに依存しあう関係にある。

この依存関係について、コレは単独でコレなのではなく、アレと相対的にコレなのだから、コレとアレとはかならず同時に生まれている、と物のレベルで論ずるものがいる。荘子はこの「彼と是《こ》れと方《なら》び生ずるの説」を、コレの認識とアレの認識とは依存しあっているのだから、いっしょに生まれ、いっしょに滅び、いっしょに可とされ、いっしょに不可とされる、などと説くものがいる、と敷衍《ふえん》している。

なるほど単独にコレのみ、単独にアレのみ、という相対性をまぬかれた物の認識はありえない。とはいえ、このことを額面どおりにとらえ、ある物をコレと認識することとアレと認識することとはいっしょに生まれ、いっしょに滅び、いっしょに可とされ、いっしょに不可とされる、と考えてよいものだろうか？

ある物をコレと認識することもあればアレと認識することもある。しかしその認識は「我」の営みだから、すくなくとも即時的にはそのつど唯一のものだ。たとえ時間とともにコレの認識がアレの認識へと変わることはあるとしても。

「彼と是《こ》れと方《なら》び生ずるの説」はあからさまに矛盾している。こんな矛盾をみとめてしまうと、なんでもありの野放図になってしまう。

荘子《そうし》は「是に因《よ》りて非に因り、非に因りて是に因る」と念を押す。是にもとづくと同時に非にもとづき、非にもとづくと同時に是にもとづく、というふうに矛盾をゆるすと、もはや是と非との区別は無意味ということになってしまう。ある物についての認識が是であると同時に非でもあるということはありえない。

聖人の物の認識は「由《よ》らずして之を天に照らす。亦《ま》た是れに因る」。「彼と是れと方び生ずるの説」にはよらないで、天という自然の法則にしたがう。

天という自然の法則にしたがうといっても、自然の法則そのものを認識することはできない。「物」のありさまを認識することによって、自然の法則にしたがった認識のありかたを体現できる。「亦た是れに因る」とは、物にもとづいた認識のありかただ。

「是れ」とは、たとえばこの身体だ。自分はこの身体という物から世界をながめることしかできない。自然の法則にしたがうとしても、そういう認識のありかたを受けいれるのは、みずからのコレという身体だ。

詮《せん》ずるところ、認識は「是れに因る」よりほかない。「物は彼に非《あら》ざる無く、物は是れに非ざる無し」という認識の相対性をみとめるとしても、じっさいの認識は「彼に自らば則ち見えざるも、知に自らば則ち之を知る」というふうに、この身体という物から世界をながめることしかできない。「是れに因る」ことのない認識などありえない。

ある物をコレと認識する。その認識はそれ単独でなりたっているわけじゃない。ある物をアレと認識することと関連してなりたっている。ある物を認識することは、なんらかの意味のネットワークにおいてなりたっている。

ある物をコレと認識することは、その物に意味を読みとれるかどうかにかかっている。その物をコレと認識してから、その物の意味をさぐるのではない。ことがらのプロセスはむしろ逆だ。なんらかの意味のネットワークにおいて、その物をコレとして認識している。

現実の世界には、自分がいるし、他人もいる。そこにおける認識の相対性をあげつらって「彼と是れと方び生ずるの説」におちいってはならない。

自然の法則にしたがい、身をもって物をとらえる。物の変化をもの、に、す、る、のだ。

「是れに因る」ならば「是れも亦た彼なり。彼も亦た是れなり。彼も亦た一是非。此れも亦た一是非」というふうに物の変化を認識することになる。

コレとアレとは、物のレベルでは、もちろん異なっている。それぞれ是や非として対立しうる。しかし物の認識のレベルでは、コレの認識もアレの認識も自然の法則にしたがって変化しているという意味では異なるところがない。それぞれ是や非として対立することはない。「コレとアレとは、物のレベルでは、もちろん異なっている。それぞれ是や非として対立しうる」と書いた。しかし厳密に考えれば、コレやアレはすでに認識をあらわしている。物のレベルで対立することなど、もともとありえない。

ただし、ある物をコレとする認識とその物をアレとする認識とが対立することもある。それは自分の立場をおのおの絶対視する場合だ。

荘子《そうし》は「彼も亦《ま》た一是非。此れも亦た一是非」とギョッとするような物言いをしている。コレの認識もアレの認識も、ともに自然の法則にしたがいつつ、そのつど是だったり非だったりする。それを「一是非」とわざわざ「一」をつけていうのは、そのつど是もしくは非のどちらか一方だというのだろう。是か非かどちらかひとつであって、是であり非でもある、是でなく非でもない、ということはありえない。

福永本が「彼の中にも是と非とが一体となって含まれるし、此の中にも是と非とが一体となって含まれる」と訳しているのは、ややもすれば誤解をまねきかねない。

つとめて懇切に論じながらも、なお「彼と是《こ》れと方《なら》び生ずるの説」によりかかって是と非との区別がない曖昧な認識におちいるもののあることを危惧《きぐ》し、荘子は「果たして且《は》た彼と是れと有るか。果たして且た彼と是れと無きか」と念をいれる。アレやコレという認識は、はたして絶対的なものだろうか、と。

物はみな「一是非」だ。そのつど是か非かのどちらかだ。もっとも、ひとつの観点からは是でも、別の観点からは非でありうる。その逆もいえる。どちらの観点も自然の法則にしたがっており、たがいに対立することなく、全体の認識への手がかりとなりうる。

さんざん石橋をたたいてから、荘子は「彼と是れと其の偶《ぐう》を得《う》る莫《な》き、之を道の枢《とぼそ》と謂う」という。アレとコレとが相対する片割れをもたないこと、これを道の回転軸という、と。「偶」は、アレにたいするコレ、コレにたいするアレというふうに、ふたつペアになっていること。「枢」は、ドアを開け閉めするために蝶番《ちょうつがい》がとりつけられた回転軸。ドアは開いたり閉じたりという相対する運動をする。しかし回転軸は円環運動の中心にあってドアの開け閉めを可能にしながら、みずからは相対的な関係をまぬかれている。

円環運動の中心にたつことができれば、ありとあらゆる無限の変化にフレキシブルに応ずることができる。そういう物の認識のありかたは、是もしくは非、非もしくは是でありながら、そのつど是は無限に変化し、そのつど非は無限に変化する。

円環運動の中心にあって相対的な関係をまぬかれ、自然の法則にしたがって無限の変化に身をゆだねるような認識のありかた、それこそが「明を以てする」ことだ。

正直にいうと、ここでの荘子《そうし》の論じぶりはいささか性急だと感じている。

アレとコレとは認識する主体のほうから認識される対象のほうにむけた遠近によって使い分けられる指示代名詞だ。これに類するさまざまの相対的な表現がある。遠近のほかにも、前後・左右・上下・軽重・長短・大小等々、相対的な対象のとらえかたはたくさんある。いずれも「いっしょに生まれる」ものだ。一方のとらえかたがあるとき、他方のとらえかたも同時にある。それらはみな認識する主体と認識される対象との関係によってきまる。ただし、これらの相対的な認識のなかに「生死」「是非」をくわえたのは勇《いさ》み足じゃないだろうか。

生と死と、是と非と、たしかにペアでもちいられる表現だ。けれども、いっしょに生まれる（方《なら》び生ずる）ことは、かならずしも相対的であることの証拠にはならない。

あるひとが生まれたことは、だれにとってもそうだ。あるひとが死んだことも、だれにとってもそうだ。だれにとっても是でありうるし、だれにとっても非でありうる。生死や是非はつねに相対的であるとはかぎらない。とりわけ是非を相対的だとしてしまうと、いわゆる相対主義的な懐疑論におちいることになる。いくら是非を論じてもつねに相対的だとするならば、なんにも語れなくなってしまう。

生死や是非をいっしょに生まれることにふくむと、ややもすれば相対主義的なリスクをおかしかねない。にもかかわらず荘子は、べつに懐疑論におちいっていないようだ。だとすると荘子のいう「明を以てする」とはいかなる認識なのだろう?

斉物論篇《せいぶつろんへん》では、四度にわたって「是《こ》れに因《よ》る」という認識のありかたが説かれる。ぼくはこれを自然の法則にしたがった物の変化を身をもって認識することと理解している。

物の変化とは、物と物との区別がなくなって、すべてが同じになることではない。物それぞれの区別をみとめたうえで、他の物との関係によって、あらゆる物がたえず変化していることだ。

「道の枢《とぼそ》」という円環の中心の回転軸のような位置にたつことができれば、コレとアレという対にとらわれることのない「無窮」の世界にたつことができる。コレとアレという区別がなくなるわけじゃない。コレでないアレもまた「一」無窮の世界なのだ。

コレをコレと見る。アレをアレと知る。それぞれの立場にたつものは、みずからの立場が相対的なものであることに気づいていない。認識の相対主義にみずから気づくことはむずかしい。

「是《こ》れに因《よ》る」という認識のありかたは、物のありさまに身をゆだね、物の変化そのものを体得することによって、おのれの認識を絶対視しないことだ。ただし「是れに因る」という認識のありかたは、きわめて抽象度の高いレベルにある。現実に存在する物のありさまについて、つまびらかに闡明《せんめい》してはいない。「コレをみよ」といわれても、「コレってなに?」と問い返すしかない。

すべての物をコレやアレとよぶことができるからといって、それを根拠に「すべての物はひとしくそろっている(斉物《せいぶつ》)」と論じたりすると、むなしいお伽噺《ときばなし》になってしまう。

寓庸《ぐうよう》の章

認識のありかたや、それにともなう言語のはたらきの前提として、ひとは「物」的な環境にあって生きていることを確認しておかなければならない。

ひとはみな物的な環境のなかで、身体という物として生きている。ひとが生きるために不可欠なもの、たとえば水や食べものも、すべて物的な環境のなかにある。

ひとの身体をかたちづくっている素材は、田や畑、海や山などでとれた植物や動物だ。その意味では田や畑も自分だし、海や山も自分だ。自分の身体はこの自然のなかにある物からできている。にもかかわらず「田畑？　ぼくとは関係ないよ」とおもいがちだ。この自分は田畑でとれたものの延長だっていうのに。

「是れに因る」ところの認識が「明を以てする」ことでありうるのは、現実にある物を根拠としているからだ。

物の認識のはたらきが物の存在を規定するのではない。物の存在が物の認識のはたらきを規定するのだ。

人間の言語にミステリアスな力があるわけじゃない。現実にある物とコミットするとき言語は力をもつのだ。

この世界をかたちづくる物が自然の法則にしたがって斉「一」であることを、荘子《そうし》はいよいよ腰をすえて論じはじめる。

指によって指が指でないことを明らかにするのは、指でないものによって指が指でないことを明らかにするのにはおよばない。

馬によって馬が馬でないことを明らかにするのは、馬でないものによって馬が馬でないことを明らかにするのにはおよばない。

天地は一本の指だ。万物は一頭の馬だ。

以レ指喩二指之非一レ指、不レ若三以レ非レ指喩二指之非一レ指也。

以レ馬喩二馬之非一レ馬、不レ若三以レ非レ馬喩二馬之非一レ馬也。

天地一指也。万物一馬也。

指を以て指の指に非《あら》ざるを喩《さと》すは、指に非ざるを以て指の指に非ざるを喩すに若《し》かざるなり。

馬を以て馬の馬に非ざるを喩すは、馬に非ざるを以て馬の馬に非ざるを喩すに若かざるなり。
天地は一指なり。万物は一馬なり。

「指の指に非ざる」は、文字どおりに読めば、矛盾している。矛盾していることは受けいれられない。矛盾をゆるしてしまえば、なんでもいいたい放題になり、なにをいっても無意味になってしまう。

「指の指に非ざる」を矛盾をおかすことなく解釈するには、「指の」の指と「指に非ざる」の指とは同じでないとしなければならない。「指の」の指と「指に非ざる」の指とは同じでないが同じく指とよばれている、と。

同じでないのに同じく指とよびうる唯一の場合がある。「指の」の指は物としての指で、「指に非ざる」の指は言語としての指だ、という場合だ。物としての指と言語としての指とは別ものだが、いずれも指とよびうる。

みぎの解釈をふまえて「指を以て指の指に非ざるを喩すは、指に非ざるを以て指の指に非ざるを喩すに若かざるなり」を言葉をおぎなって訳すならば、つぎのようになる。

物としての指によって物としての指が言語としての指でないことを明らかにするのは、

言語としての指によって物としての指が言語としての指でないことを明らかにする　のにはおよばない。

物としての指が言語としての指でないことを明らかにするのに、どうして物としての指よりも言語としての指のほうがよいのだろう？　それは物と言語とではその機能がちがうからだ。

物としての指と、言語としての指とは、同じく指としかよびようのないものだ。しかし明らかに別ものだ。ふたつの指のあいだには、言語としての指が物としての指を指示する・表現するといった関係がある。

言語としての指、すなわち指という名詞は、物としての指をあらわす。それにひきかえ実物の指は、ほかのなにものをもあらわさない。ただ指として存在するだけだ。

「指の指に非《あら》ざる」というフレーズは、物としての指は言語としての指という名詞によってあらわされる、という物と言語との関係を明らかにしている。

物としての指をだまってさしだしても、「どうしたの？」と首をかしげられるだけだ。物と言語との関係はちっとも明らかにならない。言語としての指をもちいてこそ、はじめて物と言語との関係を明らかにできる。

「ゆび」という音声が発せられる。そこに実物の指が存在していなくたって、「ゆび」という音声をきいたものは、そこに存在していない物としての指をおもいうかべる。これが言語のはたらきだ。

現実に存在する物の「喩《さと》す」べき可能性を考えるさい、現実に存在する物をもちいて積み木を組み立てるようにして考えてみても、できあがるのは「喩す」べき可能性ではない。現実に存在する物だ。

だからこそ現実に存在する物を代替するものによって考えることになる。そのとっておきの代わりのものが「言語」なのだ。


余談ながら、名詞にだけ固有名詞があるのはなぜだろう？　固有動詞とか、固有形容詞とか、そういうものはきいたことがない。

固有動詞や固有形容詞がないのは、動詞や形容詞がなにかしら実体の属性を表現するからだとおもう。ひとつひとつの様子や動作はたしかに固有のものだ。ただしその場かぎりで消えてしまう。いつの様子とか、だれの動作とか、固有にあらわすことはできるけれども、そのとき以外に使う場面がない。だから言語にならない。使われない言語をつくってもしょうがない。

固有動詞や固有形容詞をつくるよりも、いつの様子、だれの動作といったほうが、よほど鮮明だ。だからこそ荘子《そうし》は「是《こ》れに因《よ》る」ことをすすめる。

荘子は「天地は一指なり。万物は一馬なり」という。「天地」「万物」はこの世界の全体といった意味だとすれば、それが「一指」「一馬」だとはどういう意味だろう?

指であれ馬であれ、物をみるとき、ただ当の物それだけを単独でみているわけじゃない。その物をなにかと関係づけながらみている。

馬がひろい草原を走っている。ときおりヒヒーンといななく。かわいらしい少女が乗っている。そういった状況の全体において、ぼくは馬をみている。状況からはなれた馬それ自体をみることはない。どこにいるでもなく、走っているでもなく、いななくでもなく、だれに乗られているでもない、そんなニュートラルな馬をみることはない。

現実の馬はかならずどこかにいる。草原もかならずどこかにある。少女もどこかにいる。ぼくの馬の認識をかたちづくる情報のネットワークはどこまでもひろがっている。

一頭の馬をみることは、目のまえの馬だけにへばりついているわけじゃない。そこにみえていない無数の物とむすびついている。一頭の馬をみているとき、ぼくは世界の全体とかかわっている。

一頭の馬をみることと、そこにみえていない無数の物とをむすびつけてくれるもの、それが言語だ。

あの馬はずいぶん走るのが速いなあ、あの少女は小学生くらいかしら、落馬しなきゃいいけど、などと考えたりしながら、ぼくは状況をとらえている。あの馬はメスだろうか、あの少女はどこの小学校にいっているのだろう、といった考えもしない可能性は無数にある。考えていることや考えていないことをふくめた情報のネットワークにおいて世界の全体とかかわりながら、ぼくは一頭の馬をみている。

「万物は一馬なり」とは、この世界に存在するものは「物」のレベルで一頭の馬だといっているわけではない。一頭の馬を「認識」するとき、情報のネットワークにおいて、ひとは世界の全体とかかわりあっているということだ。

目のまえの現実にへばりつかず、無数の物とむすびつけられた情報のネットワークにひらかれる。そのことによって、ひとは「一馬」をみるとき「万物」とかかわっていることを明らかにすることができる。

世界は「一」だという道理を明らかにするさい、荘子はなぜ「指・馬」の譬《たと》えをもちいるのだろう?

指は、物をしめすさいにつかう身体。馬は、物をはこぶさいにつかう動物。指と馬とは言語のはたらきをあらわしている。指は「指さすもの」すなわち指示詞のはたらき。馬は人間が言いたいことである意味をはこぶもの。

要するに「天地は一指なり」「万物は一馬なり」とは、この世界についてぼくが認識し、表現しようとしているものは、すべて言語によっているということだ。

ぼくの認識にとって言語は欠くべからざるものだ。ぼくの認識は言語によって限界づけられている。天地・万物は、ぼくの言語のネットワークのうえに出現している。

道はそこを（人間が）歩くことによって（道として）できあがる。物はそれに（人間が）名づけることによって（物として）そうである。

そうであるとはどういうことか。そうであることにおいてそうである。そうでないとはどういうことか。そうでないことにおいてそうでない。よいとはどういうことか。よいことにおいてよい。よくないとはどういうことか。よくないことにおいてよくない。

物にはもともとそうであるところがある。物にはもともとよいところがある。どんな物もそうでないものはない。どんな物もよくないものはない。

道行レ之而成。物謂レ之而然。

悪乎然。然レ於レ然。悪乎不レ然。不レ然レ於レ不レ然。悪乎可。可レ乎レ可。悪乎不レ可。不レ可レ乎レ不レ可。

物固有レ所レ然。物固有レ所レ可。無二物不一レ然。無二物不一レ可。


道は之を行きて成る。物は之を謂いて然《しか》り。

悪《いず》くにか然る。然るに於《お》いて然り。悪くにか然らざる。然らざるに於いて然らず。悪くにか可なる。可なるに乎いて可なり。悪くにか可ならざる。可ならざるに乎いて可ならず。

物は固《もと》より然る所有り。物は固より可なる所有り。物として然らざる無し。物として可ならざる無し。


犬や車などの物が土のうえを往来することによって、そこが道となる。物と物とがたがいに関係することによって、その物のありかたは定まる。物でない超越的な一者が物のありかたを定めているわけじゃない。

荘子はさらに念を押す。人間が名づけることによって、その物の認識のされかたが定まる。物でない超越的な一者が物の認識のされかたを定めているわけじゃない。

人間はみずからも物として、物どうしの相互関係のネットワークの一端をになっている。

ただし人間は他の物とちがって、その関係をみずからの「生」にかかわるものとしてとりあつかう。ある物をおいしい物とみなし、リンゴと名づける。ある物をあぶない物とみなし、毒ヘビと名づける。

人間はみずからの生との関係において物を「そうである」「よくない」などとみなし、それにふさわしく名づけて別の物と区別する。

ひとつの物をみているとき、ひとは世界の全体とかかわっている。「道は之を行きて成る」はそういう物のありかた全般をいう。「物は之を謂いて然《しか》り」はそういう人間の物へのかかわり、とりわけ認識をいう。

荘子はつづけて「悪《いず》くにか然る。然るに於《お》いて然り。悪くにか然らざる。然らざるに於いて然らず。悪くにか可なる。可なるに乎いて可なり。悪くにか可ならざる。可ならざるに乎いて可ならず」と例によって逆説的ないいかたをしている。

ひとつの物をみているとき、ぼくは世界の全体とかかわっている。「そうである」という認識は「そうでない」という認識とかかわっている。「よい」という判断は「よくない」という判断とかかわっている。物のレベルでもかかわっているし、言語のレベルでもかかわっている。

物のレベルでのかかわりとは、事実における物とのかかわりだ。言語のレベルでのかかわりとは、価値における物とのかかわりだ。

事実として、物はそうであることにおいてそうであり、そうでないことにおいてそうでない。価値として、物はよいことにおいてよく、よくないことにおいてよくない。

ただし「物は固《もと》より然る所有り。物は固より可なる所有り。物として然らざる無し。物として可ならざる無し」と荘子はつけくわえる。

「言う」ことによって分別のある世界がひらける。とはいえ、どんな世界でもひらけるわけではない。自然の法則にしたがってしか、ひとは「言う」という価値的な態度をとることができない。物もまた「固より」そのように言いうるようにのみ存在する。

物にはもともと然るところがあり、物にはもともと可であるところがある。物は然りでないものはなく、物は可でないものはない。あえて「言う」ならば、天下は「一」然不然で、万物は「一」可不可だ。

自然界における秩序と無秩序とは、自然の法則にしたがった関係性において「一」なるものだ。その証拠に、秩序が生まれるとともに無秩序もまた生まれている。

掃除機でゴミをすいこむ。部屋のなかは秩序だってキレイになる。掃除機のなかはゴミがたまって無秩序になる。ひとはそれをキレイにしたと認識する。じっさいは部屋のなかの無秩序を掃除機のなかに移動させただけなのに。

ものごとを「然《しか》り」「可なり」と秩序として認識しても、頭のなかには「然らず」「可ならず」というゴミがたまり、かならず無秩序もまたふえている。秩序だけ、無秩序だけ、ということはありえない。

カルペ・ディエム（Carpe diem）という言葉がある。「その日をつかめ」などと訳される。その日その時のおのれの「いま・ここ」を生きておればよい。いちいち他人とくらべなくてもよい。もっとも、その「いま・ここ」の自分だって、ことさら自分だときめつける必要はない。自分なんていくらでも変わる。この世界がのべつ変わりつづけているように。

万物が「然り」「可なり」と認識されることには、それなりの理由がある。デタラメに「然り」とされるわけではない。万物は超越的な一者によって「可なり」とされるわけでもない。物のありかたには、それ相応の理由がある。言い換えれば、必然的な法則性がある。

世界のありかたを法則性にもとづいて理解しようとする態度を、ぼくは合理主義とよびたい。合理主義とは、ひとまず神秘主義や超越主義などに相対するものだ。

そこで草の茎《くき》と家の柱と、ハンセン病患者と西施《せいし》と（といった対照的な物）をあげてみる。

すると不可思議なことに、道は（これら対照的な物に）ゆきわたって一如になっている。（道がゆきわたっているから）分かれることは成ることだ。成ることは壊れることだ。ありとあらゆる物は、成るものだろうが壊れるものだろうが（道が）ゆきわたって一如になっている。

ただ（道に）達したものだけが、（道が）ゆきわたって一如になっていることを知る。それゆえ（皮相な分別を）はたらかせず、ありふれた平常のありように身をゆだねられる。ありふれた平常のありようとは（道にしたがって）はたらくことだ。（道にしたがって）はたらくとは（道が）ゆきわたって一如になっていることだ。ゆきわたって一如になっているとは（道にしたがったありかたを）得《え》ることだ。得ることができさえすれば（道にしたがったありかたに）近い。

コレ（という道がゆきわたって一如になった物のありかた）に身をゆだねるだけだ。ひたすら身をゆだねるだけであって、そうである事実を明らかにしようとはしない。こういうありかたを道とよぶ。

故為レ是挙三莛与レ楹、厲与二西施一。恢恑憰怪、道通為レ一。

其分也成也。其成也毀也。凡物無二成与一レ毀、復通為レ一。

唯達者知㆓通為㆒㆑一。為㆑是不㆑用而寓㆓諸庸㆒。
庸也者用也。用也者通也。通也者得也。適得而幾矣。
因㆑是已。已而不㆑知㆓其然㆒。謂㆓之道㆒。

故に是《こ》れが為に莛《てい》と楹《えい》と、厲《らい》と西施《せいし》とを挙ぐ。恢《かい》恑《き》憰《きっ》怪《かい》、道は通じて一為り。其の分かるるや成るなり。其の成るや毀《こぼ》つなり。凡《およ》そ物は成ると毀つと無く、復《ま》た通じて一為り。唯《た》だ達する者のみ、通じて一為るを知る。是れが為に用いずして諸《こ》れを庸《よう》に寓《ぐう》す。庸なる者は用うるなり。用うる者は通ずるなり。通ずる者は得《う》るなり。適《た》だ得れば幾《ちか》し。是れに因《よ》るのみ。のみにして其の然《しか》るを知らず。之を道と謂う。

ほそい草の茎《くき》とふとい家の柱と、ハンセン病患者とうつくしい西施と、見た目はおよそ正反対だが、しょせん人間が「言う」ことによる分別にすぎない。ライ菌にとってハンセン病患者とうつくしい西施とは、すでに感染しているか、まだ感染していないか、というちがいでしかない。見た目にともなう差別などない。

ひとは現に生きている世界のことを知っている。それはひとつの知りかたであって、けっして絶対ではない。たかだか人間的な知りかたをしているにすぎないと知るべきだ。

ひとは「言う」ことをはなれて世界をとらえることはできない。ライ菌の観点をとることもできない。「言う」ことをはなれて世界をとらえることができるのは、自然の法則にしたがって「道は通じて一為り」と体得したものだけだ。「道は通じて一為り」と体得したものは、物の「分・成・毀」にとらわれず、物の自然なありかたに身をゆだねている。

それぞれに異なる物と物とをひとつの道がつらぬいている。異なった物であっても、異なった原理でうごいているわけじゃない。ひとしくそろって自然の法則にしたがってうごいている。つまり「一」なるありかたをしている。

自然界で起こるものごとはデタラメに起こっているわけじゃない。他の事情に変化がないかぎり、ものごとはいままでどおりすすんでゆく。一般的な知識がなりたつためには斉一性の原理が必要だ。

自然の斉一性は、知識をささえる根源的な臆見《ドクサ》だ。自然界の物は、空間・時間・認識のちがいにかかわらず、みな同じ法則にしたがっている。ただし同じ法則にしたがっていることを自然科学によって証明することはできない。なぜならそのことを前提としなければ自然科学がなりたたないから。

荘子《そうし》は「是《こ》れに因《よ》るのみ。のみにして其の然《しか》るを知らず」という。万物がひとしくそろって自然の法則にしたがって「一」だということは、ただ前提とすることができるだけであって、それが正しいことは証明できない、と。

自然の法則とは、この世界をしてこのようであらしめている自明の所与だ。万物はその頭ごなしの押しつけをア・プリオリに受けいれている。世界が自然の法則にしたがって「一」であることは、「庸《よう》」というありふれた平常のありかたでしかない。

わざわざ精神をはたらかせて（道がゆきわたっている）「一」なるありかたを明らかにしようとするのは、じつは（万物のありかたは）同じだという道理がさっぱりわかっていない。こういうのを「朝三《ちょうさん》」とよぶ。

朝三とはどういうことか。

サルの飼い主が、サルたちにトチの実をあたえるさい、「朝に三つ、晩に四つ」という。サルたちはみな怒る。そこで「朝に四つ、晩に三つ」という。サルたちはみな喜ぶ。（一日に七つあたえるという約束の）言語と（じっさい一日に七つあたえるという）実質とのあいだには、なんら欠けるところはないにもかかわらず、それでいて喜んだり怒ったりするという感情のちがいをあらわす。それは物（の「一」なるありかた）に身をゆだねられるか否かによる。

だから聖人はやれ是だの非だのといった分別をすっかり調和させて、自然の法則（天）の均衡のままに身をゆだねて安らいでいる。これが（是と非とを分別せずに）ふたつながらあるがままに受けいれることだ。


労神明為一、而不知其同也。謂之朝三。

何謂朝三。

曰、狙公賦芧曰、朝三而莫四。衆狙皆怒。曰、然則朝四而莫三。衆狙皆悦。

名実未虧、而喜怒為用。亦因是也。

是以聖人和之以是非、而休乎天鈞。是之謂両行。


神明《しんめい》を労して一と為さんとし、而《しか》も其の同じきを知らず。之を朝三と謂う。

何をか朝三と謂う。

曰く、狙公《そこう》、芧《とち》を賦《あた》えんとして曰く、朝は三にして莫《くれ》は四にせん。衆狙《しゅうそ》、皆怒る。曰く、然らば則ち朝は四にして莫は三にせん。衆狙、皆悦《よろこ》ぶ。

名実未《いま》だ虧《か》けざるに、而も喜怒をば用と為す。亦た是れに因るなり。

是《ここ》を以て聖人は之を和するに是非を以てし、天鈞《てんきん》に休む。是《こ》れを之れ両行《りょうこう》と謂う。

この寓話は「朝三暮四《ちょうさんぼし》」という成語となって、わが国でもひろく知られている。朝三暮四という成語は「目前の違いにばかりこだわって、同じ結果となるのに気がつかないこと」（『広辞苑』第七版）といった意味だ。この意味をふまえて読むと、つぎのように理解することになる。

「名」とは、一日に合計七つのトチの実《み》をあたえるという約束の言葉。「実」とは、じっさいに一日にあたえられるトチの実。「名実未《いま》だ虧《か》けざるに」というように、約束の「名」にも、あたえられた「実」にも、なんにも不足はない。それなのにサルは、怒ったり、喜んだりする。名実にちがいはないのに感情のうごきがちがう。「それは、狙たちが朝四つ暮三つが是だとする、目先の価値判断に因《よ》ったからである」（池田本）。さきに多くもらえるかどうかという目のまえの現象にとらわれて、トータルでもらえる数は変わらないという実質に、サルは気づいていないのだ。

荘子がこの寓話でいいたいのは、そういうことだろうか？

「朝に三つ、晩に四つ」に怒り「朝に四つ、晩に三つ」を喜ぶからには、なるほど「朝に三つ、晩に四つ」は非で「朝に四つ、晩に三つ」は是だ、と是非を分別しているにちがいない。でも、サルがおかした過《あやま》ちとは、早めに多くもらいたがって目のまえの利益にとびついたことだろうか？

ことさら奇をてらった読みかたをするつもりはない。けれども斉物論篇《せいぶつろんへん》のコンテキストをふまえて考えるならば、おのずと別の解釈が浮かんでくる。

サルのエピソードを紹介するまえに、荘子は「神明《しんめい》を労して一と為さんとし、而《しか》も其の同じきを知らず」とことわっている。この荘子の言葉を、なにかとなにかとを「一と為さん」とし、それらが「同じき」ことを知らないというふうに理屈っぽく読むと、そのなにかとはなにかと考えたくなる。

なにかとはなにかって、もちろん世界にある一切の物がそうだろう。わざわざ精神をすりへらして一切の物を「一と為さん」としたところで、その「同じき」ことを知らないといった醜態《しゅうたい》をさらすことになるのがオチだ。

みぎのように考えたくなる。先学による注釈もたいていそんなふうに解釈している。だが、肝心のところを読み落としているような気がしてならない。

「一と為さん」とするのは、なにかとなにかとではなく一切の物だというふうに読もうとすると、いきおい万物斉同のことわりを論じていると考えたくなる。けれどもここでの論のポイントは、じつは万物斉同《せいどう》ということにはない。

万物はことごとく自然の法則にしたがっている。そのことを知らないと、アレはアレ、コレはコレ、と是非を分別し、コレが、そしてコレだけが正しい、と見方をひとつにきめつけてしまう。

そんなふうに分別することの愚《ぐ》をとがめるのは、べつに万物斉同のことわりを説いているわけじゃない。自分のものの見方だけが正しいとする自分本位の見方をしりぞけているにすぎない。

サルがおかした過《あやま》ちは、さきに多いほうが、あとで多いよりもよい、と目のまえの利益にとびついたことじゃない。「朝に四つ、晩に三つ」のほうがよいというエゴイスティックなものの見方にこだわったことだ。

アレはアレ、コレはコレ、と分別するものは、自分のものの見方が、そしてそれだけが正しいとおもっている。自分のものの見方だけが正しいとおもっていれば、それを相手がみとめなければ怒り、相手にみとめられれば喜ぶ、といった喜怒の感情をいだく。

荘子は「名実未《いま》だ虧《か》けざるに、而《しか》も喜怒をば用と為す」につづけて「亦《ま》た是《こ》れに因《よ》るなり」という。そんなふうに喜怒の感情をいだくのは、自分のものの見方だけを正しいとする自分本位の見方にとらわれているせいだ、と。

この寓話の眼目は、一日にもらえる数は変わらないといった「物」のレベルでのことわりを説くことにはない。自分のものの見方だけが正しいとする自分本位な「認識」にとらわれることの愚かしさを論じている。

たとえトータルでもらう数は同じだとわかっていても、さきに多くもらうのとあとに多くもらうのとでどっちがうれしいかは、ひとそれぞれだ。さきに多くもらうほうを好むことはわるいことじゃない。ただし、そんなことで喜んだり怒ったりするのはよろしくない。そういう自分のものの見方を他人に押しつけるのはもっとよろしくない。

自分のものの見方だけを正しいとする「朝三」という自分本位な知のありかたが、サルとその飼い主とのエピソードとしてえがかれる。荘子は、サルの浅知恵について語っているとみせかけて、じつは人間の皮相な「知」のありかたをも諷刺している。

聖人は是非の分別を「和」することによって「天鈞《てんきん》に休む」。あくまでも「和」するのであって「無」にするわけではない。

聖人が是非の分別を「和」するやりかたは、是と非とを両方とも捨ててしまうのではない。「和するに是非を以て」する。是と非とをふたつながら生かすことによって「和」する。是非の分別をあるがままにみとめ、それを調和させるやりかたを「両行《りょうこう》」という。

荘子は、聖人ならではの清濁あわせ呑むような認識をすすめているのだろうか？　否。それは凡人のよくするところではない。ただ自分のものの見方だけが正しいとする自分本位の見方をいましめているだけだ。

こっちから見るのと、あっちから見るのとで、物の見えかたはちがう。あたりまえのことだ。一切の物についてあてはまる自然の道理だ。

ひとは見えかたがちがう以外の認識のありかたをもつことはできない。アレはアレ、コレはコレ、という見方をどうしてもしてしまう。それは仕方のないことだ。

ぼくはコレ、きみはアレ、と自他のあいだで見方を対立させているうちは、是非の分別を「和」することはできない。こっちから見ればコレだけど、あっちから見ればアレでもある、と相互にみとめあえれば、物は見方によって多様にあらわれていることをわきまえられる。そしてそれだけ対象についてのデータをゆたかに得《え》ることができる。

自分本位のものの見方にとらわれ、分別を対立させたままの「朝三」でいては、いつまでたっても真実にいたることはできない。真実にいたっていると勝手におもいこんでいるだけだ。ただし、たがいの分別の是非を調和させ、ともに生かす「両行」でも、さしあたりデータがゆたかに得られるだけで、いまだ真実にいたってはいない。

万物はひとしくそろって自然の法則にしたがっている。この自明の理を知りさえすれば真実をわきまえることができるのか？　否。そうは問屋がおろさない。

万物が自然の法則にしたがっていることは、およそ思考の対象にならない。それを頭で知ることは、じつは知ることになっていない。身をもって知るための一歩をふみだすことができたっていうだけだ。

後世の道家《どうか》のひとびとは、いたずらに「道」を神格化した。万物は道にしたがっているから斉同《せいどう》だ、と頭でっかちに論じた。身をもって道にしたがうことを、ひょっとすると忘れてしまったんじゃないだろうか。

滑疑《かつぎ》の章

問いが生まれるためには、「あれ？」とおもうキッカケがなければならない。基準からはずれたものごとに気づくとき、それが問いのキッカケになる。基準はずれに気づくためには、なにはともあれ基準がなければならない。しょっぱいケーキを食べつけているなら、ケーキは甘いという基準がないから、しょっぱいケーキを食べても「あれ？」とはおもわない。

ある基準を「知る」ことによって、いままで気づかなかった基準はずれに気づくことができる。基準をたくさん知れば知るほど、いろんな基準はずれに気づくようになる。いろんな基準はずれに気づけば気づくほど、問いはつぎつぎと生まれてくる。

むかしのひとは、その知が極みに達していた。どんなふうに極みに達していたのか。いまだかつて物はないとする（知の）ものがいた。（その知は極みに）達していた。（その知は極みを）尽くしていた。なにひとつ加えるべきものとてなかった。

（時がながれ）物はあるとする（知になる）。ただし、いまだかつて（物と物とには）境界がないとする（知だ）。（時がながれ物と物との）境界はあるとする（知になる）。ただし、いまだかつて（物と物とには）是非の分別がないとする（知だ）。（さらに時がながれ物と物との）是非の分別が明らかになってくると、そのことが道がそこなわれる原因となる。道がそこなわれる原因こそは愛ができあがる原因にほかならない。


古之人、其知有レ所レ至矣。悪乎至。有下以為レ未二始有一レ物者上。至矣。尽矣。不レ可二以加一矣。

其次以為レ有レ物矣。而未二始有一レ封也。

其次以為レ有レ封焉。而未三始有二是非一也。

是非之彰也、道之所二以虧一也。道之所二以虧一、愛之所二以成一。


古《いにしえ》の人、其の知に至る所有り。悪《いず》くにか至る。以て未《いま》だ始めより物有らずと為す者有り。至れり。尽くせり。以て加う可からず。

其の次は以て物有りと為す。而《しか》るに未だ始めより封《ほう》有らざるなり。

其の次は以て封有りと為す。而るに未だ始めより是非有らざるなり。

是非の彰《あき》らかなるや、道の虧《か》くる所以《ゆえん》なり。道の虧くる所以は、愛の成る所以なり。

むかしのひとの「知」には「至る所」があった。荘子《そうし》は4つのフェーズに分けて説いている。

第1のフェーズ。いまだかつて物はない。

物がないのだから、それを知ることもない。知ることがないのだから「至れり。尽くせり。以て加う可からず」なのもあたりまえ。そもそも知ることがないのに「其の知に至る所有り」とは、いったいどういう知なのだろう？

第2のフェーズ。物はあるが、物と物との境界（封《ほう》）はない。

物と物との境界がないなら、すべての物が区別されることなく一様につづいている。そんな渾沌《こんとん》としたのっぺらぼうを「物がある」とはいえない。第1のフェーズにもどってしまう。物はあるのに物と物との境界がないとは、いったいどういう知なのだろう？

第3のフェーズ。物と物との境界はあるが、物と物との分別（是非）はない。

物と物との境界があるならば、物はそれぞれ別の物として認識される。その物は当の物として分別される。物として認識されるのに当の物として分別できないとは、いったいどういう知なのだろう？

第4のフェーズ。物と物との分別は明らか。

物と物とをくらべて是と非とを明らかにするとは、知がはたらくことだ。これがダメだというなら、荘子はひょっとすると知のはたらきそのものを否定的にとらえているのだろうか？

荘子が「其の次は」というのは、たんに時間にともなう知の変化だけをいっているのではない。知が自然の法則にしたがう度合いをいっている。では、どうなると自然の法則にしたがう度合いが低くなるのだろうか。

1「物がない」＝「有為《うい》はなく、もっぱら無為のみ」
2「物はあるが物と物との境界はない」＝「無為が多く、有為が少ない」
3「物と物との境界はあるが物と物との分別はない」＝「無為が少なく、有為が多い」
4「物と物との分別がある」＝「無為はなく、もっぱら有為のみ」

1から4へと変化するにつれて自然の法則にしたがう度合いが低くなる。無為から有為へと変化するほどに自然の法則に身をゆだねられなくなる。

「至れり。尽くせり」という知のありかたは、自然の法則にしたがったままでことさら知ろうとしていない、といった無為の知なのだろうか？　まさか。そんなはずはない。「古《いにしえ》の人」は自然とまったく共生し、なんにも知ることなく生きていた、などというのはファンタジーだ。直立二足歩行をおこない打製石器をもちいた猿人だって、それなりに知性をはたらかせていたはずだ。

「其の知に至る所有り」という知のありかたは、まずは外界の物がおのれの生存にとって有益なのか有害なのかを判別することだった。木のうえから地べたにおりたって食べものを採集するのにも、なにかしら知ることがなければ生存はおぼつかない。言語をもちいて生活するようになれば、ますます知のはたらきは活発になる。人類の進化は知の活発化とともにあった。

「古の人」は後世の人間よりもよほど自然の法則にしたがって生きていた。それが物と物とを区別するようになり、さらに是非をあげつらうようになる。この無為から有為《うい》へとおもむくプロセスは、荘子にとっては知の退化でしかないのだろうか？

物は変化する。人間がそれについて「言う・言わない」にかかわらず、物は変化する。これは現実次元のことだ。物をみて「この物は是だ、あの物は非だ」という。ひとは言語をもちいて物を意味づけ、意味をやりとりする。これは意味次元のことだ。

ひとがなにかを知るとは、言語をもちいて、現実次元の物を意味次元の物としてあつかうことだ。ひとは物だらけの環境に生きながら、同時にひとびとといっしょに意味の世界を生きている。

言葉をもちいて物に意味をあたえる。意味をあたえることは価値をあたえることだ。意味があることと価値があることとは不可分だ。物の価値とは自分や他人にとってその物がどういう意味をもつかということと切っても切れない。

ところが荘子《そうし》は「是非の彰《あき》らかなるや、道の虧《か》くる所以《ゆえん》なり。道の虧くる所以は、愛の成る所以なり」という。「是非の彰らかなる」とは、言語をもちいて物に意味をあたえ、そこに価値をみいだすことだ。知の「至る所」としては第4のフェーズだ。これがどうして「道の虧くる所以」になるのだろう？

物に意味をあたえ、そこに価値をみいだす。すると自然の法則に身をゆだねられなくなる。それがどうして「愛の成る所以」になるのだろう？

自然の法則に身をゆだねられなくなると、自分本位に物に意味をあたえ、価値をあたえることによって、コレがほしい、アレはいらない、と欲望・執着をつのらせるようになるからだろうか。

いったい（愛が）できあがることや（道が）そこなわれることはあるのか。それとも（愛が）できあがることや（道が）そこなわれることはないのか。

（愛が）できあがることや（道が）そこなわれることがある。それゆえ（琴の名手の）昭文《しょうぶん》は琴を弾く（という有為《うい》にはしる）。（愛が）できあがることや（道が）そこなわれることがない。それゆえ昭文は琴を弾かない（で無為のままだ）。

昭文が琴を弾く、（晋《しん》の音楽家の）師曠《しこう》が杖で身をささえて拍子をとる、（宋の思想家の）恵《けい》子《し》がアオギリに身をもたせかけて弁論する、かれら三者の（人為を極みともいうべき）知のありかたは（それなりに道にしたがったものに）近い。かれらはみな人為を極めたものだ。それゆえその名がのちのちまで語りつがれている。

かれらは人為を極めようとして道から遠ざかった。かれらは人為を極めて道を明らかにしようとした。道は（人為を極めることによっては）ついに明らかにできないにもかかわらず明らかにしようとした。それゆえ（恵子がとなえる）堅白《けんぱく》同異の論のような詭弁におちいってしまった。昭文の子も（琴を弾くといった有為のしわざを）ひきつぐだけでおわった。死ぬまでいそしんだのに、なにひとつできあがらなかった。

これら（昭文・師曠・恵子の人為の極みというべき知）を（愛が）できあがることとみなしてよいならば、わたしにだって（愛が）できあがることはある。これらを（愛が）できあがることとみなせないならば、物であれわたしであれ、どちらも（愛が）できあがることはない。

かくして（人為をしりぞける）惑乱のかがやきをこそ聖人はもとめる。（人為を極めようとする知を）もちいることなく、ありふれた平常のありかたに身をゆだねる。こういう知のありかたを明智をもちいるとよぶ。

果且有㆓成与㆒虧乎哉。果且無㆓成与㆒虧乎哉。

有㆓成与㆒虧。故昭氏之鼓㆑琴也。無㆓成与㆒虧。故昭氏之不㆑鼓㆑琴也。

昭文之鼓㆑琴也、師曠之枝㆑策也、恵子之拠㆑梧也、三子之知幾乎。皆其盛者也。故載㆓之末年㆒。唯其好㆑之也、以異㆓於彼㆒。其好㆑之也、欲㆓以明㆒㆑之。彼非㆑所㆑明而明㆑之。故以㆓堅白之昧㆒終。而其子又以㆓文之綸㆒終。終㆑身無㆑成。

若㆑是而可㆑謂㆑成乎、雖㆑我亦成也。若㆑是而不㆑可㆑謂㆑成乎、物与㆑我無㆑成也。

是故滑疑之耀、聖人之所㆑図也。為㆑是不㆑用而寓㆓諸庸㆒。此之謂㆑以㆑明。

果たして且《は》た成ると虧《か》くると有るか。果たして且た成ると虧くると無きか。

成ると虧くると有り。故に昭氏《しょうし》の琴を鼓《こ》するなり。成ると虧くると無し。故に昭氏の琴を鼓せざるなり。

昭文《しょうぶん》の琴を鼓《こ》するや、師曠《しこう》の策《つえ》を枝《ささ》うるや、恵子《けいし》の梧《ご》に拠るや、三子の知は幾《ちか》し。皆其の盛んなる者なり。故に之を末年に載《の》す。

唯《た》だ其の之を好むや、以て彼に異なる。其の之を好むや、以て之を明らめんと欲す。彼は明らむる所に非《あら》ざるも之を明らむ。故に堅白《けんぱく》の昧《まい》を以て終わる。而《しか》して其の子又文の綸《りん》を以て終わる。身を終うるも成る無し。

是《か》くの若《ごと》くにして成ると謂う可くんば、我と雖《いえど》も亦《ま》た成るなり。是くの若くにして成ると謂う可からずんば、物と我と与《とも》に成る無きなり。

是《こ》の故に滑疑《かつぎ》の耀《かがや》きは、聖人の図《はか》る所なり。是れが為に用いずして諸《こ》れを庸《よう》に寓《ぐう》す。此れを之れ明を以てすと謂う。

「道の虧《か》くる所以《ゆえん》は、愛の成る所以なり」につづけて荘子《そうし》は「果たして且《は》た成ると虧くると有るか。果たして且た成ると虧くると無きか」といぶかしむ。愛ができあがることや道がそこなわれることは、あるのか、ないのか、と。

「三子の知は幾し。皆其の盛んなる者なり」と評されるように、昭文・師曠・恵子ともに知としては最高のレベルだ。たとえ最高のレベルだろうとも、しょせん「之を好む」という人間らしい知でしかない。「以て彼に異なる」ところの無為から遠ざかった有為《うい》のしわざだ。「明らむる所に非ざるも之を明らむ」るような不遜《ふそん》な営みでしかない。

「以て之を明らめんと欲す」と無為のものを明らかにしようとする有為のしわざだ。

しかも、なまじ人為を極めているもんだから、道（彼）にしたがっているような気になってしまうぶん、よけい質《たち》がわるい。人為を極めようとすればするほど、いよいよ愛ができあがり、道がそこなわれ、ついに「身を終うるも成る無し」という羽目におちいる。

熟練した匠《たくみ》がみずからの技を知的に解明しようとすると、かえって自然体でやれなくなってしまう。修練のはてに自然体でやれているという仔細《しさい》は、もとより「明らむる所に非ざる」にもかかわらず、あえて意識的に「之を明らめんと欲す」ると、どうしても自然なありかたをそこなってしまう。

人為の極みともいうべき三氏の知は、見当はずれの堅白同異の論にふけって「どうだ」とプライドをふりかざすようなものだ。つける薬がない。

荘子の論ずるところはまっとうだとおもう。とはいえ諸手《もろて》をあげて賛成はしたくない。愛ができあがることとって、人間の「知」的な営みによって文化が花咲くことじゃないだろうか。それが道をそこなうことだとすれば、人間的な営みは必然的に道にはずれることになってしまう。道にはずれなければ文化も栄えないことになってしまう。

原始的に生きていた猿人のころを荘子はよしとするのだろうか？　まさか。そんなふうに自然状態を美化することは幻想でしかない。本能的な欲にしばられ、外敵におびえながら生きることは、けっして安寧な暮らしとはいえない。狩猟・採集をおこなう旧人のころになれば、ひとびとは火や言語をもちいるなど人為を駆使し、生活の改善につとめたはずだ。

荘子は「明らむる所に非《あら》ざるも之を明らむ」るようなしわざではダメだといっているだけだ。人間のあらゆる「知」的な営みを否定しているわけじゃない。

道がそこなわれ愛ができあがるのとはちがった人間の「知」的な営み、すなわち「惑乱のかがやき（滑疑《かつぎ》の耀《かがや》き）」を荘子はもとめている。では、惑乱のかがやきとはどういう知のありかただろう？

せっせと有為《うい》にはげんで道にはずれ愛を生みだす？　否。ひたすら無為のままなにも生みださない？　否。「是《こ》れが為に用いずして諸《こ》れを庸《よう》に寓《ぐう》す」ることだ。三氏のように人為を極めるのではなく、ありふれた平常のありかたに身をゆだねることだ。

ありふれた平常のありかたに身をゆだねることは、いかにも地味だ。なるほど惑乱のかがやきにしかみえない。だから「末年に載《の》す」ような誉《ほま》れとは縁がない。けれども、それこそが「明を以てす」ることにほかならない。

無《む》適《てき》の章

ひとは「始まり」を問う生きものだ。では、その始まりとはなんだろう？　始まりはふつう「なにか」の始まりだ。存在することが前提とされているものごとについて、その始まりは問われる。もう始まってしまっている事態からさかのぼるかたちで、その始まりは問われる。

始まりを問うことは、すでに「明らかなものごと」の始原にあるかもしれない「明らかでないものごと」へと、あえて意識的にさかのぼることだ。始まりを問うことは、それを問うことによって「なにか」が存在しはじめたという可能性をさぐることだ。

かりに「言う」ことがあるとしよう。それがコレに類するのか、コレに類しないのか、知ることはない。類することと類しないこととは、たがいに類する。だから、かりに「言う」ことと相対するアレと異なるところはない。

そうではあるけれども、ひとつこころみに言ってみよう。

今且有レ言二於此一。不レ知二其与レ是類乎、其与レ是不一レ類乎。類与レ不レ類、相与為レ類、則与レ彼無二以異一矣。

雖レ然、請嘗言レ之。

今且《しば》らく此《ここ》に言う有り。其の是《こ》れと類するか、其の是れと類せざるかを知らず。類すると類せざると、相与《とも》に類を為さば、則ち彼と以て異なる無し。

然《しか》りと雖《いえど》も、請《こ》う嘗《こころ》みに之を言わん。

「今且らく此に言う有り」とは、かりに「言う」ことがあるとしてみよう、と仮定している。本来ならば望ましいことではないが、あえて仮定してみよう、といった口ぶりだ。

なにか「言う」ことが、コレと類するのか類しないのか「知らず」といったかとおもうと、類するにせよ類しないにせよ、とりあえず「相与に類を為」しているのだから、アレと「以て異なる無し」だときめつけている。

言うことは是だ、とコレはいう。言うことは非だ、とアレはいう。是と非という判断は同じでない。けれども是か非かを言うこと自体、すでに言うことがあることをふまえている。コレの言うことであれアレの言うことであれ、どちらも言うことがあるのだから、しょせん似たり寄ったりだ。

言うことは是だ。言うことは非だ。この明らかに対立する主張は、たがいに自分の是非を言いつのるならば、どちらも「言う」ことをみとめる同類でしかない。いまさら類するか類しないかを悩んだりするのはナンセンスだ。明らかに類するなら、もはや悩む必要はない。明らかに類しないなら、やはり悩む必要はない。

詰まるところ、悩むのはムダだ。だったら悩むのをやめればよい。だが、ひとつ「嘗みに之を言わん」と荘子はあえて見切り発車してみせる。


始まりが有る。

いまだかつて「始まりが有る」が無いことが有る。

いまだかつて「いまだかつて「始まりが有る」が無いことが有る。

有るが有る。

無いが有る。

いまだかつて「無いが有る」が無いことが有る。

いまだかつて「いまだかつて「無いが有る」が無いことが有る」が無いことが有る。

いきなり無いが有る。とはいえ無いが有ると言うことは、はたして（言うことが）有るのか、それとも無いのか、知ることはない。

いまわたしはすでに言うことが有る。しかしわたしの言うことが、はたして言うことが有るのか、それとも言うことが無いのか、知ることはない。

有㆓始也者㆒。
有㆘未㆓始有㆒㆑始也者㆖。
有㆘未㆕始有㆔夫未㆓始有㆒㆑始也者㆖。
有㆓有也者㆒。
有㆓無也者㆒。
有㆘未㆓始有㆒㆑無也者㆖。
有㆘未㆕始有㆔夫未㆓始有㆒㆑無也者㆖。
俄而有㆑無矣。而未㆑知㆓有㆑無之果孰有孰無㆒也。
今我則已有㆑謂矣。而未㆑知㆓吾所㆑謂之其果有㆑謂乎、其果無㆒㆑謂乎。

始めなる者有り。
未《いま》だ始めより始めなる有らざる者有り。
未だ始めより夫《か》の未だ始めより始めなる有らざる有らざる者有り。

有なる者有り。

無なる者有り。

未だ始めより無なる有らざる有らざる者有り。

俄《にわ》かにして無有り。而《しか》して未だ無有ることの、果たして孰《いず》れか有りて、孰れか無きかを知らざるなり。

今我則ち已《すで》に謂う有り。而して未だ吾が謂う所の、其の果たして謂う有るか、其の果たして謂う無きかを知らず。


荘子《そうし》は鬼面ひとをおどすような構文をもちいて論じている。臆することはない。腰をすえて読んでゆこう。

「有～者」は「～」という状態が「有る」ことをあらわす。たとえば「～」の箇所に「無也」を代入すると「有無也者」となり、無いという状態が有ることをあらわす。

構文をわかりやすくするために、原文にカギ括弧をつけて書いてみよう。

a　有「始也」者。

b　有「未始有「始也」」者。

c　有「未始有「夫未始有「始也」」」者。

d　有「有也」者。

e　有「無也」者。

f　有「未始有「無也」」者。

g　有「未始有「夫未始有「無也」」」者。

世界の「始まりが無い」と仮定してみる。

すると現在にいたるまでに無限の時間が経過していることになる。世界が現に存在することは、現在にいたるまでの無限の時間が現時点において完結していることを前提としている。これは矛盾だ。だから無限の時間が経過することはありえない。背理法によって、世界の始まりは有ることになる。およそ世界が有るかぎり、世界の始まりは有るはずだ。

世界の「始まりが有る」と仮定してみる。

始まりとはひとつの状態だ。ある時点において世界の始まりという状態が存在するならば、その状態のまえには世界が存在しない状態があったはずだ。世界がまだ存在しないのだから、まったく空虚な状態があったはずだ。空虚な状態において、ある状態が別の状態から区別されることはありえない。空虚な状態にあって世界が始まることの根拠はありえない。

世界の始まりが「ある」といっても、世界の始まりが「ない」といっても、ひとの理性は納得しない。世界の始まりがあるなら、その以前にはなにがあるのかと考えることができる。世界の始まりがないなら、世界はどうして現に存在しているのかと考えることができる。

両立できないふたつの主張がともになりたってしまう。じゃあ、全体としての世界そのものの限界を問うことはひとの理性の限界を超えているのだとわきまえて、知ることをあきらめるしかないのだろうか？

世界には時間的な始まりがある。世界には空間的な果てがある。どちらにしても矛盾し、人間の理性を超えている。このカントのアンチノミー論と、荘子《そうし》の説くところとは、そもそも論点がちがっている。

カントの関心は、世界の限界について問うことは理性を超えているということにある。このカントの議論には、はなから「言う」ことが関係していない。

荘子は「始めなる者有り」と論じはじめる。これを「ものごとには始めということがある」（福永本）「一体、物には根源というものが有る」（池田本）というふうに訳すと、読者をミスリードすることになる。

荘子《そうし》は「今且《しば》らく此《ここ》に言う有り」「請う嘗《こころ》みに之を言わん」とことわっている。荘子はこの世界にある「物」の時間的・空間的な始原について論じているのではない。ものごとについて言語をもちいて「言う」ことについて論じている。「始也」「有也」「無也」は、「言う」ことを論ずるさいのトピックにすぎない。

a　「始めなる者有り」と言うことが有る。

b　「始めなる者有り」と言うことが有るとは、「未《いま》だ始めより始めなる有らざる者有り」と言うことが有ることだ。

c　「未だ始めより始めなる有らざる者有り」と言うことが有るとは、「未だ始めより夫《か》の未だ始めより始めなる有らざる有らざる者有り」と言うことが有ることだ。

d　「有なる者有り」と言うことが有る。

e　「有なる者有り」と言うことが有るとは、「無なる者有り」と言うことが有ることだ。

f　「無なる者有り」と言うことが有るとは、「未だ始めより無なる有らざる者有り」と言うことが有ることだ。

g　「未だ始めより無なる有らざる者有り」と言うことが有るとは、「未だ始めより夫の未だ始めより無なる有らざる有らざる者有り」と言うことが有ることだ。

a〜gは「○○が有る」と言うことが有るとは「まだ○○が無いことが有る」と言うことも有ることだ、という論理構造になっている。

a〜cでは「始まりが有る」と言えるためには「始まりが有ると言うことがまだ始まらないと言うことが有る」と言えなければならない、という論理構造になっている。敷衍《ふえん》していうならば、「始まりが有ると言える状態が有るからには、まだ始まりが無いと言える状態が有ったはずだ」ということだ。

d〜gも「始まり」の場合と同じ論理構造になっている。「有る」とその否定である「無い」とについても無限後退が起こる。無いが有ると言える状態が有るからには、まだ無いが無いと言える状態が有ったはずだ。

世界の始まりについて「言う」ことがある。ただし「始まりが有る」と言うことがあるならば、まだ「始まりが有る」がないことがあると言うこともある。

以下同様、まだ「まだ「始まりが有る」がないがある」がないことがあると言うこともある。ひとたび言うことがあれば、いきおい無限後退におちいる。

ところが、ひとは言うことをやめられない。言うのが不可能なことを言わずにおれない。世界の始まりを論じようとして、荘子《そうし》は「言う」ことのアポリアに逢着する。そこで矛先《ほこさき》を転じて、世界の「有・無」について論ずることにする。

世界の始まりについて言うことは、世界が「ある」ことを前提としている。ただし世界が「ある」と言うことがあるからには、世界が「ない」と言うこともありうるはずだ。

荘子は「有なる者有り」につづけて「無なる者有り」という。あると言うことがあるからには、その否定であるないと言うこともあらねばならない。

以下同様、あると言うことがあるならば、あるの否定としてのないと言うこともあり、あるの否定としてのないと言うことがあるならば、あるの否定としてのないの否定としてのないすらないと言うこともあり、とふたたび無限後退におちいる。

一見、理路整然としている。が、みぎのように考えてはいけない。こんなふうに考えたりすると、ある事態について「言う」ことには、なんの意味もないことになってしまう。言うことに意味がないならば、なんにも言わないほうがよい。

荘子は「然《しか》りと雖《いえど》も、請う嘗《こころ》みに之《こ》を言わん」と、あえて言うことにしていたではないか。いったん逡巡《しゅんじゅん》したものの、けっきょく言うことにしていたではないか。

道草を食うようだが、老子《ろうし》の言葉を吟味してみたい。「天下の万物は有《う》より生ず。有は無《む》より生ず」(『老子』第40章)だ。

人間は「物」心がついたときには存在(有)の地平に一存在者(物)として存在してしまっている。「はじめに世界ありき」というのが、人間の経験にとってのぬきさしならない事実だ。

「ある」という語には、「○○がある」と実存をあらわす場合と「○○である」と本質をあらわす場合とがある。

現実にある具体的な物がそれぞれ「○○である」と本質をあらわした存在者であるためには、なにはさておき存在していなければならない。物「がある」ことは、とりもなおさず「この世界が存在する」ことを意味している。世界のあることがア・プリオリに位置づけられたうえで、物がこのよう「である」と本質をあつかうことができる。世界がこのようであることの本質はすでに実存をふくんでいる。

ある本質をもった物が存在していることを、老子はそれが存在することをもたらす必然的な存在にもとめ、それを「有」とよぶ。「天下の万物は有より生ず」とは、万物が○○であることは「世界がある」ことを前提とするということだ。

万物がこのよう「である」ことは道にしたがっている。けれども世界「がある」ことは道にしたがっていない。

自然の法則のはたらきは、万物がこのよう「である」ことのまえにあるが、世界「がある」ことのまえにはない。物にとって世界は「はじめに世界ありき」というべき非知性においてある。

「天下の万物は有より生ず」とは万物が存在するとは世界がすでに存在するという意味だとして、つづく「有は無より生ず」はどういう意味だろう？

もし世界が存在しなければ、というふうに存在以前の無を問うことは、経験的にも論理的にもできっこない。存在あっての無だ。「有は無より生ず」の無が、文字どおりの虚無ならば、なんにも生みださない。なにものでもないものは、なにものの原因にもなりえない。原因がないのに結果は生まれない。「無から有が生じる」というのはまったくの背理だ。

老子《ろうし》が「有は無より生ず」というのは、有の根っこには限定できない根源的ななにかがあるなどといっているわけじゃない。世界があることのさらなる始まりを語ることはできない。世界があることは理解の次元を超えている。このことを老子は端的《たんてき》に「無」とよんでいる。

「有は無より生ず」とは老子一流のレトリックだ。有はなにかから生まれることはない、と老子はいっているだけだ。

老子の「無」の思想は、超越的・絶対的な一者が世界を創造したという考えかたの対極にある。世界は端的にある。「有は無より生ず」とは、有にさきだつものはないということだ。それが「ある」ならば、それ以前には「ない」ことがあった、と老子は自明のことをいっている。なにかが「ある」ようになるまえには「ない」ことがあったはずだ、と。

老子の考えをちゃんと消化するために、しつこく反芻《はんすう》してみよう。

老子は「天下の万物は有より生ず。有は無より生ず」という。「天下の万物」とは、この世界にある一切の物、すなわち「これは○○だ」といえる物だ。「これは○○だ」とは、「これ」として指示された現に存在する物が「○○だ」と本質をもつ物として分類されることだ。「天下の万物は有より生ず」の有は特定の存在者ではない。存在者でないとすれば、それは存在者の存在だろうか？　そうだとすると、あらゆる存在者は、その本質にさきだって、まず存在するような物として把握されているといっていることになる。

存在了解というべきものが人間にはある。その存在了解にもとづいて、存在者について、とりわけその本質について、人間は「言う」。

世界とはそのように言われる存在者の全体だ。それぞれの存在者は、そういった存在了解の全体としての世界によって、それぞれ存在者として把握されている。老子《ろうし》のいう有とは、そういった世界了解から生まれるものだ。

では「有は無より生ず」とはなにをいっているのだろう？

それぞれの物が「ある」と言うことができるためには、われわれは存在了解をもっていなければならない。さらにまた存在了解の地平としての世界了解をもっていなければならない。ただし、その存在了解および世界了解は、いかなる存在者でもない。だからそれが存在すると言うことはできない。すなわち「無」とよぶことしかできない。

さて、荘子《そうし》の考えはみぎの老子の考えとまったく同じなのだろうか。

老子は物どうしの相互関係としての「道」のはたらきを説く。万物が存在するのは、なにか根源的な一者の差配によるのではない。物と物とのあいだには、おのずから自然の法則にしたがった関係が生じている。

物どうしの相互関係としての道のはたらき、それ自体について言うことはできない。その証拠に、世界の「始まり」について言おうとすると無限後退におちいる。老子にならって「有は無より生ず」と言おうとしても、やっぱり無限後退におちいる。

無限後退におちいるのは、「言う」ことの根拠をもとめるからだ。言うことができる根拠、すなわち理由の連鎖が、ただちに道なわけではない。「世界がある」と言うことが、じつは一切の「始まり」だ。あとは物と物とがたがいに関係しあうことによって、おのずから物のありかたが定まってくる。これは理由の連鎖ではない。原因と結果との連鎖だ。

自然の法則としての道は、存在する物どうしの因果系列として、存在する物とともに生まれている。理由の連鎖をもとめることは、存在する物のまえに道があらかじめあったと想定することだ。しかし道は万物とともにある。だから道がはたらいている理由をもとめることはできない。ただ万物があると言うことからはじめればよい。

荘子は原理主義者ではない。現実主義者だ。理想主義者ではない。実存主義者だ。イデア論者ではない。経験主義者だ。

ひどく理詰めに論じてきたかとおもうと、荘子は唐突に「俄《にわ》かにして無有り」ときめつける。きめつけたうえで「而《しか》して未《いま》だ無有ることの、果たして孰《いず》れか有りて、孰れか無きかを知らざるなり」とうそぶく。

「俄かにして」とは、理非を超えてということだ。現実をふまえて「無が有る」と言ってはみたものの、そんなふうに言うことの根拠をみずから知っているわけではない。そんなふうに言える根拠をもとめてゆくと、いきおい無限後退におちいってしまう。

荘子《そうし》はさらに「今我則ち已《すで》に謂う有り。而《しか》して未《いま》だ吾が謂う所の、其の果たして謂う有るか、其の果たして謂う無きかを知らず」と念を押す。事実として、言うことはある。しかし、はたして言うことがあるのか、それともないのか、みずから知ることはない。

言語をもちいて言うものは、かならず選言的な立場にたっている。ものごとの根拠はあるかないかのどちらかのはずだ、と。荘子がものごとの根拠があるのかないのか「知らない」というのは、選言的な立場にたっていては答えが出せないことをしめしている。

じゃあ選言的な立場を捨てて、あるともないともいわず、ただ「無が有る」ときめつけてしまえばよいと荘子は尻をまくっているのだろうか。

身もフタもないようだが、世界の時間的・空間的な限界があるのかないのか、さんざん考えたうえで、ひとまず「ない」ことにしておけばよいのではないだろうか。

限界があるとすると、かならず「その限界のさきは？」という疑問がわいてくる。はなから限界はないとしておけば、その限界がない状態をひとは受けいれられる。

昔々ひとびとは地球は平らだとおもっていた。世界の果てでは海水がごうごうと瀑布となって流れ落ちているといったことをイメージしていた。現在では地球は球体だからどこまでいっても果てというものはない。歩きつづけていればまた元の場所にもどってくる。荘子の所論を考えてゆくにあたっては、世界に時間的・空間的な果てはないと考えておいて、さしあたり不都合はないとおもう。

この世界にあって秋の動物の毛先より大きいものはない。泰山《たいざん》なんて小さい。夭折《ようせつ》した子どもより長生きなものはない。彭祖《ほうそ》など早死にだ。この世界と我とはいっしょに存在している。万物と我とは一如だ。

すでに一如なのだ。だとすればそれについて「言う」ことが有ることはできるだろうか。すでに一如だと「言う」ことが有る。だとすればそれについて「言う」ことが無いことはできるだろうか。

（万物と我とが一如である）「一」とそれについて「言う」こととで「二」になる。この（「一」と「言う」こととの）「二」とそれについて「言う」こととで「三」になる。こんなふうに数えてゆくと、どんなにすぐれた数学者でも数えきることはできない。まして凡人であれば（数えきれっこないことは）いうまでもない。

こういうわけで、無からはじめて（その無について「言う」ことによって）有へとひきずられてゆくと、さらに（その有について「言う」ことによって）三へとひきずられてゆく。（無からはじめてすら無限後退におちいるのに）有からはじめて有へとゆくのでは（無限後退におちいるのは）なおさらだ。

（無について「言う」ことによって有へと）ひきずられてゆくことをやめよう。（万物と我とに）道がゆきわたって一如になっているありかたに身をゆだねていよう。

天下莫レ大二於秋豪之末一。而大山為レ小。莫レ寿二乎殤子一。而彭祖為レ夭。天地与レ我並生。而万物与レ我為レ一。

既已為レ一矣。且得レ有レ言乎。既已謂二之一一矣。且得レ無レ言乎。

一与レ言為レ二。二与レ一為レ三。自レ此以往、巧歴不レ能レ得。而況其凡乎。

故自レ無適レ有、以至二於三一。而況自レ有適レ有乎。

無レ適焉。因レ是已。

天下に秋豪《しゅうごう》の末より大なるは莫《な》し。而《しか》して大山《たいざん》を小と為す。殤子《しょうし》より寿《じゅ》なるは莫し。而して彭《ほう》祖《そ》を夭《よう》と為す。天地と我と並び生ず。而して万物と我と一為《た》り。

既已《すで》に一為り。且《は》た言う有るを得《え》んや。既已に之を一と謂う。且た言う無きを得んや。一と言と二為り。二と一と三為り。此れ自《よ》り以往《いおう》は、巧歴《こうれき》も得《う》る能《あた》わず。而るを況《いわ》んや其の凡なるをや。

故に無自《よ》り有に適《ゆ》き、以て三に至る。而るを況んや有自り有に適くをや。適く無し。是《こ》れに因《よ》るのみ。

荘子《そうし》は「天下に秋豪の末より大なるは莫し。而して大山を小と為す。殤子より寿なるは莫し。而して彭祖を夭と為す」と、ひどく逆説的なことをいったかとおもうと、その根拠をしめすかのように「天地と我と並び生ず。而して万物と我と一為り」という。万物であれ我であれ、自然の法則にしたがっているという意味では「一」如だ、と。

　万物は、もちろん我も、おのおの絶対性を内在させている。それ自体の内なる力によって存在している。そういう存在の仕方を「自然」という。おのおの自然な存在の仕方をしている物について「大・小」「寿・夭」をあげつらうなど笑止千万だ。

　おのれが自然の法則にしたがって存在していることは、万物にとって自明のことだ。だから自然の法則なるものを絶対的かつ超越的な一者としてもちだすことは不可能だし、そもそも不必要だ。

荘子《そうし》はさらに「既已《すで》に一為《た》り。且《は》た言う有るを得《え》んや」という。「すでに」とは「言うまえに」ということだ。我が言うまえに、万物と我とはすでに「一」だとすれば、我がそれを言うことによって一になるのではなく、言うまでもなく事実として一だということになる。

万物と我とが一如だなどと言う必要はない。ということは、わざわざ言うからには、なにか別の目的があるのだろう。

別の目的とはなにか。それは言うまでもなく、万物と我とが自然の法則にしたがっているという存在の仕方を理解し、万物と我との相互関係にかんする認識を得ようとすることだ。

万物であれ我であれ、自然の法則にしたがっているという存在の仕方は同じだ。我において主観と客観とは同時になりたっている、とこのことは敷衍《ふえん》できる。

万物と同じく物である我を、ことさら純粋な主観としてまつりあげるのは無用のことだ。我のことを身体をもたない純粋なまなざしであるかのように錯覚してはならない。

認識するのはだれか。身体という物としての我だ。物を対象として認識する我は、みずから物的な性質をもっている。それは純粋なまなざしなどではない。身体という物だ。我の認識は、この身体という物と他の物とのあいだの、ともに自然な存在者どうしの相互関係でとらえなければならない。

認識とは対象をそのまま如実にとらえることではない。我が認識するとき、我において「主観と客観とは同時になりたっている」「物どうしの相互作用によって身体が変わることを自覚している」という出来事が生じている。

身体が物に作用する。物が反作用する。みずからの身体が変わる。

我の身体が変わること、それこそが認識だ。そういう我の認識は、万物と我とが一如であることにささえられている。

万物と我とが自然の法則にしたがって「一」如だという仔細《しさい》については、これを言語で「言う」ことはできないと考えたくなる。けれども、そう考えること自体がまちがっているのかもしれない。

万物のありかたは無限の多様性をもっている。その一切を言い尽くすことはできない。ただし全部をいっぺんに言うことはできないとしても、一部をすこしづつ言うことはできる。

荘子が生きていたころ、もちろん自然の法則はまだよくわかっていなかった。しかしある程度は言語化されていた。

太陽は毎朝のぼってくる。季節は毎年めぐってくる。春には花が咲く。秋には紅葉する。だんだん明らかになってくることについて、すこしづつ言うことはできる。

万物と我とは自然の法則にしたがって「一」だ。その関係について言うことで「二」となる。さらにその「二」という関係について言うことで「三」になる。そんなふうに言うための根拠をたどってゆくと無限にさかのぼることになってしまう——ほんとうにそうだろうか?

言うことには時間がかかる。その時間は無限に分割することが可能だ。微小なことを言うためにも微小な時間がかかる。はてしなく分割された時間で言うためには、かぎりなく時間を要することになる。

時間はたしかに無限に分割することが可能かもしれない。そうだとしても、それを言うことは可能だ。たとえ無限に分割することが可能だということを究極まで言い尽くすことは不可能だとしても。

どんな言語にもかならず表現しきれないものがある。言語で分割することに問題があるわけじゃない。存在することを言語で表現しようとすることに問題がある。なぜなら分割とは対象を手持ちの尺度ではかることだから。

ここにみいだされるパラドックスは、言語と存在とのあいだにはギャップが存することを示している。

運動にかかる時間は有限だ。しかしその無限のフェーズを言うことにかかる時間は無限だ。

運動にかかる有限の時間と言うことにかかる無限の時間とを混同するとパラドックスに見舞われる。

荘子《そうし》がそのような愚《ぐ》をおかすはずがない。では「一と言と二為り。二と一と三為り。此れ自り以往《いおう》は、巧歴《こうれき》も得《う》る能《あた》わず」とは、いったいなにを論じているのだろう？

それを考えるまえに、またちょっとだけ道草を食う。


老子《ろうし》は「道は一を生じ、一は二を生じ、二は三を生じ、三は万物を生ず」（『老子』第42章）という。


この順序で世界ができあがった、と天地創造のプロセスを論じているわけじゃない。道という自然の法則と万物とのあいだには、一方向的な順序だった道筋、まして従属関係があるわけじゃない。世界のありかたは一定の秩序にしたがっている、と老子は客観的に説いている。万物がおのずからたどらざるをえない必然のなりゆきを記述している。万物を超えた神秘的なものが端緒《たんしょ》にあって、そこから万物が流出してくるわけじゃない、と。

「道は一を生じ」というからには「一」のまえに「道」があるはずだ。道はあるけれども、まだ一も生まれていない状態があるはずだ。道と一とは別のことを指している——と考えてよいならば、荘子のように「万物と我と一為り」というビジョンをえがくことは、老子の考えからズレることになる。

「万物と我と一為り」ならば、道と一とは別ものではない。万物であれ我であれ、道にしたがっているという点では同じだ。老子《ろうし》が「道は一を生じ」というのは、まず道というものがあるといっているだけだ。万物にはことごとく道がゆきわたっていて一如だと考えなければ、すべてのことを誤解することになる、と。

老子は「一は二を生じ」とつづける。この世界には法則性があると考えて、はじめてアレとコレと、つまり「二」について考えることができる。

さらに「二は三を生じ」とつづける。アレとコレとを考えると、つぎにそれらの関係がどうなっているかを、つまり「三」を考えることができる。

さらに「三は万物を生ず」とつづける。アレとコレと、それらの関係を考えることによって、ありとあらゆる物がどうなっているかを考えることができる。


荘子《そうし》は「彼も亦《ま》た一是非。此れも亦た一是非」という。アレの認識はそのつど是だったり非だったりするし、コレの認識はそのつど是だったり非だったりする、と。

コレの認識もアレの認識も、ともに自然の法則にしたがいつつも、そのつど是もしくは非のどちらかだ。ひとつの観点からは是であっても、別の観点からは非であり、その逆もありうる。

荘子はまた「是も亦た一無窮、非も亦た一無窮なり」という。回転の中心にあれば、是はそのつど無限に変化し、非もそのつど無限に変化する、と。

物の変化とは、物と物との区別がなくなって一切合切《なにもかも》が同じになることではない。物それぞれの区別をみとめたうえで、他の物との関係によって、たえず変化していることだ。

荘子はさらに「天地は一指なり。万物は一馬なり」という。天地は一本の指だし、万物は一頭の馬だ、と。

物をみるとき、当の物それだけを単独でみているわけではない。その物をなにかと関係づけられながらみている。一頭の馬をみているとき、ぼくは世界の全体とかかわっている。

この世界に存在するものは、物のレベルでは一であろうとも、物の認識のレベルでは一切だ。なにかを認識しているとき、情報のネットワークにおいて、ひとは世界の全体とかかわっている。

「一是非」「一無窮」「一指・一馬」の一は、自然の法則である道が、はたらきにおいて万物にゆきわたっていることをあらわしている。

きびしい冬がすぎ、あたたかい春になる。カエルが鳴きはじめ、フキノトウが芽をふく。この世界にある物たちは然《しか》るべく変化する。帰するところ世界の「一」なるありかただ。

荘子《そうし》のいう「一と言と二為り。二と一と三為り。此れ自《よ》り以往《いおう》は、巧歴《こうれき》も得《う》る能《あた》わず。而《しか》るを況《いわ》んや其の凡なるをや」における「一・二・三」は、特定のなにかを指す代名詞ではない。「まずはじめに・そしてつぎに・さらにつづいて」というふうに副詞的に解釈すべきものだ。

まずはじめに、万物と我とは一如だと「言う」。これが「一」のフェーズ。

そしてつぎに、万物と我とは一如だと言うことと、そんなふうに言われることとを区別して把握する。これが「二」のフェーズ。

さらにつづいて、万物と我とは一だと言うことと、そんなふうに言われることとの関係があらわれ、その関係を問題にすることができる。これが「三」のフェーズ。

荘子は「故に無自《よ》り有に適《ゆ》き、以て三に至る。而るを況んや有自り有に適くをや」という。第三のフェーズにいたり、アレとコレとが作用しあい、反作用しあい、万物の生滅が認識される。

荘子は、物どうしが関係しあっている存在の仕方が「我」に認識されるプロセスを説いている。

世界とは物と物との関係において不断にかたちづくられている全体の表現だ。そこにおいて万物はみずからをつかさどる自然の法則をみずからに内包しながら存在している。万物が自然の法則にしたがって一如だという「無」からはじまり、その無について「言う」ことによって「有」へとゆき、さらにその有について言うことによって万物へとゆくことになる。言うことの根拠をたどってゆくと無限に言うことが連なって四・五へとつづくかのようにおもわれる――が、それは錯覚だ。

万物と我とが自然の法則にしたがって「一」であるとは、端的《たんてき》に「無」ということだ。とはいえ無とは、なんにもないことではない。区別がないことだ。

区別がないことを、たんなる虚無としてとらえると、ともすれば形而上学的な妄想においってしまう。区別がないとは、万物は自然の法則にしたがっているということだ。

なにかがあると気づく。感覚としてさまざまな色やさまざまな音のある世界がそこにあることを、ぼくの身体は受けとっている。なにかを言うまえに、身体がすでに万物とかかわっている。我はすでにして物とのかかわりのなかにいる。言語化される以前の物と物とのかかわりがそこにはある。

区別がないことを、言語化によってのみ生ずることだと考えてしまうと、「無」という「一」があり、つぎに言語による区別がでてきて「無」と「言」とで「二」になり、「無」と「言」とその関係を「言う」こととで「三」になるというふうに考えたくなる。そんなふうに考えると、その「三」についてさらに「言う」ことが後続するようにおもわれ、無限後退におちいると錯覚してしまう。

自然の法則にしたがって一如であることが言語化される以前に、つとに身体の感受による物のかかわりがある。これを認識のはじまりとするならば、認識のプロセスは荘子《そうし》のいう三つのフェーズでおしまい。さらなる無限後退はない。

荘子は「無自《よ》り有に適《ゆ》き、以て三に至る」という認識のはじまるプロセスをえがく。もし「有自り有に適く」というふうに有から有へとひきずられてゆくならば、はじめに有があるならばそれ以前にも有があったはずだと考えることになる。そうなるともう無限後退におちいることと必至だ。「無自り有に適き、以て三に至る」という身体を介したプロセスにとどまれば、まだしも無限後退をまぬかれるだろう。

万物と我とが自然の法則にしたがって一如である「無」から、それについて「言う」ことで「有」があらわれて「二」となる。これが「無自り有に適」くことだ。言うことによって有が生まれてしまうと、もはや言うことはおさまらない。有はどんどん増殖しつづけ、やがて「三」すなわち万物となる。そして「有自り有に適く」という無限後退におちいる。

ここにおいて荘子は「適く無し。是《こ》れに因《よ》るのみ」と結論づける。

万物と我とが一如である「無」について、ことさら論理的に「言う」と、てきめんに「有」へとひきずられて変化する。そういった穿鑿《せんさく》はもうやめにしよう。現実に生じている万物のありかたに身をゆだね、自然にあらわれている道をたどるだけにしよう。

無より有へとひきずられてゆくにせよ、有より有へとひきずられてゆくにせよ、そうした頭でっかちな「ゆく（適）」の形而上学はもうやめにしよう。現に万物が自然の法則にしたがっていること、すなわち物と物との相互的なかかわりあい、それに身をゆだねよう。ありふれた日常のありかた「是れに因るのみ」だ。ひたすら因るのみであって、そうであることを証明しようとはしない。

万物も我もあまねく道にしたがって「一」であるならば、秋の動物の毛先であれ泰山《たいざん》であれ、夭折《ようせつ》した子どもであれ彭祖《ほうそ》であれ、その差異をあげつらうことはナンセンスだ。

「物」心がついたときから人間は言語にとりかこまれて生きてきた。言語こそは物とかかわるさいに人間がもちいるかけがえのないツールだ。

言語によってあらわされる物は、たえまなく変わっている。言語によって物をあらわしている人間も、たえまなく変わっている。言語によってもたらされる情報にまどわされることなく、たえまなく変わっている現実の物のありようを、たえまなく変わっている自分という物として、リアリティをもって生きてゆけばよい。

情報そのものは生きていない。それを生かすのは人間だ。言語であらわすことが、たんに現実の物をデータ化するだけにとどまるならば、肝心なものを表象しそこなう。

頭のなかで「わかる」だけだと、それが「身につく」ことはない。せっかく言語であらわすからには、身につくまで、つまり腑に落ちるまで、ちゃんと消化しなければならない。いくら頭のなかに知識がふえても、身をもって体現しなければ、それは現実にならない。

なにかを「知る」ことによって自分が「変わる」こと、これが生きることだ。言語化されただけの情報はまだ生きていない。それを生かすのは人間だ。

葆光《ほうこう》の章

道の意味をもとめて、道にしたがう物と道にしたがわない物とをしらべあげ、道にしたがう物だけに共通する本質を明らかにしようとしても、それは徒労におわる。

道にしたがう物とはなにか。それは「すべて」だ。道の本来のはたらきからして、それにしたがわない物などありえない。

この世界がこのようである事実にかんして、個々の物のありようを無視して世界の全体をいっぺんにとらえ、それを道という特別な呼称でよぼうとしても、それはできない相談だ。

不用意にも「道という特別な呼称でよぼうとしても」と書いてしまった。が、道とはそもそも呼称じゃないのかもしれない。道は「すべて」にあてはまるけれども、なにかを指しているわけじゃない。

一切は自然の法則にしたがっている。この考えは、一切はデタラメだ、と対立する。一切は超越的な一者の主宰による、とも対立する。

万物には法則性があるというときの「ある」は、都会には自由がある、かれには勇気がある、というときの「ある」と似ている。自由や勇気という語は、なにかを指してはいない。

もとより呼称ではないのだ。

いったい道はいまだかつて限定的な境界をもったことがない。また言語はいまだかつて固定的な意味をもったことがない。（道が言語によってあらわされる）このことによって区別があらわれる。

区別とはなにか。左側があれば右側がある。順序があれば筋道がある。分別があれば判断がある。競いがあれば争いがある。これを（言語によって区別があらわされることによる世界の）八つの性質という。

世界の外について、聖人はそのまま存在するにまかせ、いちいち識別しない。世界の内について、聖人はひとまず識別することはあっても、ことさら議論をたたかわすことはない。いにしえの治世のありかたや先王のふるまいの記録についても、聖人は議論をたたかわすことはあっても（その是非を）判断することはない。

分別には分別しないところがある。判断には判断しないところがある。

それはどういうことか。聖人はこのことをおのれの胸におさめておく。一般のひとびとはこのことを判断し、たがいに持論をひけらかしあう。

むやみに判断するのは、わかっていないところがある証拠だ。

夫道未㆓始有㆒㆑封。言未㆓始有㆒㆑常。為㆑是而有㆑畛也。

請言㆓其畛㆒。有㆑左有㆑右。有㆑倫有㆑義。有㆑分有㆑弁。有㆑競有㆑争。此之謂㆓八徳㆒。

六合之外、聖人存而不㆑論。六合之内、聖人論而不㆑議。春秋経世、先王之志、聖人議而不㆑弁。

故分也者有㆑不㆑分也。弁也者有㆑不㆑弁也。

曰、何也。聖人懐㆑之。衆人弁㆑之以相示也。

故曰、弁也者有㆑不㆑見也。


夫《そ》れ道は未《いま》だ始めより封《ほう》有らず。言《ことば》は未だ始めより常《つね》有らず。是《こ》れが為にして畛《しん》有るなり。

請《こ》う其の畛を言わん。左有りて右有り。倫有りて義有り。分有りて弁有り。競有りて争有り。

此れを之れ八徳と謂う。

六合《りくごう》の外、聖人存するも而《しか》も論ぜず。六合の内、聖人論ずるも而も議せず。春秋の経世《けいせい》、先王の志、聖人議するも而も弁ぜず。

故に分かつ者には分かたざる有るなり。弁ずる者には弁ぜざる有るなり。

曰く、何ぞや。聖人、之を懐《いだ》く。衆人、之を弁じて以て相示すなり。

故に曰く、弁ずる者には見ざる有るなり。

「道」そのものは、もともと限定的な境界（封《ほう》）をもたない。「言《ことば》」そのものは、もともと固定的な意味（常《つね》）をもたない。どうして田んぼの畦道《あぜみち》のように区切られた区別（畛《しん》）があらわれてくるのだろう？

「封」のない「道」そのもの、「常」のない「言」そのもの、それだと取りつく島がない。そんな殺伐としたところでは人間の生活がなりたたない。

もとより限定的な境界（封）のない世界について、もとより固定的な意味（常）のない言語をもちいて表現すると、かりそめの区別（畛）があらわれてくる。境界のない世界に言語をもちいて意味をあたえることによって、いつわりの区別があらわれ、カオスはコスモスになる。

また筆がすべってしまった。人間にとって意味のある世界をコスモスとよぶのはよいとしても、それ以前の世界をカオスとよぶのはよろしくない。

五感をとおして人間の身体とかかわるものとして世界はあらわれている。いまだ言語化されていないにせよ、なにかしら区別のあるものとして、それはあらわれている。

ひとは自分の身体と世界にある物とのかかわりを言語をもちいて表現する。言語をもたない他の生きものも、それぞれの生きものなりに区別をもった環境世界において生きているのだろう。知覚する仕方こそ異なれ、それぞれの生きものにとっての知覚された世界があらわれているはずだ。ライオンにとって、その世界に物がないとすれば、どうやって捕食すべき草食動物をさがせるだろうか。

どんな生きものも、利となる物と害となる物といった区別をもっている。そういった区別をまったく識別することなしには、生きものは生きてゆけない。

もともと境界のない世界に、言語によって意味があたえられ、かりそめの区別があらわれる。その区別とは、たとえば「左右・倫義・分弁・競争」といった相対的な区別だ。人間の生活をなりたたせるために人間が言語をもちいて世界に押しつけた性質・能力のちがいだ。「左・右」は世界そのものにある区別。「倫・義」はその世界にたいする人間のありかたの区別。順序や筋道にしたがって世界を認識し、とりあつかう区別。「分・弁」は世界のなかで人間のおこなった所業にたいする評価の区別。「論・争」はその評価から生じる対立のありさまの区別。言語的な競いあいにとどまるか、言語外の争いにまで発展するか、といった区別だ。

八つの性質は「左右・倫義・分弁・論争」という四つに分けられている。それは人間のそなえるべきモラルやマナーとしての徳目ではない。世界にかんする区別のありさまだ。万物がしたがっている必然的かつ客観的な理法、すなわち自然の法則（道）がみうしなわれるとき、人為にもとづいた区別があらわれてくる。

聖人は、「六合《りくごう》の外」については「存するも而《しか》も論ぜず」をつらぬく。ところが「六合の内」にかんしては「論ずるも而も議せず」となり、「春秋の経世《けいせい》、先王の志」ともなれば「議するも而も弁ぜず」となる。聖人のふるまいは、対象のちがいに応じて変わる。聖人ともあろうものが、どうして変わるのだろう？

たとえ聖人であろうとも、有限の時空にあって生きるものだ。そうであるからには物をことごとく「分かつ」「弁ずる」ことはできない。そんなことは理の当然だ。

そもそも「分かつ」「弁ずる」とはどういう営みなのだろう？

「分かつ者には分かたざる有るなり。弁ずる者には弁ぜざる有るなり」と、荘子はまたぞろパラドクシカルな言辞を弄《ろう》している。分別には分別しないところがあり、判断には判断しないところがある、と。

即物的に考えてみよう。籠《かご》のなかにリンゴやミカンなどの果物が盛られている。これはリンゴ、これはミカン、と「分かつ」「弁ずる」ことによって、果物をそれぞれ別々の籠に盛りつける。

リンゴとミカンとを「分かつ」「弁ずる」とき、この営みのなかには、リンゴは存在している、ミカンも存在している、という了解がふくまれている。「分かつ」「弁ずる」べき対象を、ぼくは籠のなかに存在する物としてとらえている。

リンゴとミカンとを「分かつ」「弁ずる」とき、この営みのなかには、リンゴとミカンとは「ちがう」とみなす認識のはたらきもふくまれている。もし籠のなかに石ころがまざっていれば、ちゃんと果物だけをえらぶことができる。ぼくは言語能力のほかに認識能力をもっている。

リンゴやミカンが存在していること、リンゴとミカンとがちがうこと、これらの了解それ自体を、ぼくは「分かつ」「弁ずる」ことなく鵜呑《うの》みにしている。もしこれらの了解をも「分かつ」「弁ずる」ことが必要になったりすれば、当の「分かつ」「弁ずる」という営みそのものが破綻する。

このあたりの機微《きび》を、荘子は「分かつ者には分かたざる有るなり。弁ずる者には弁ぜざる有るなり」とあらわす。「分かつ」「弁ずる」ことがなりたつためには「分かつ」「弁ずる」ことをまぬかれて鵜呑みにされているものがある、と。

営みにおいて鵜呑《うの》みにされているものは、営みの内容に応じて変わってくる。そのことは聖人のふるまいが対象のちがいに応じて変わることをみればわかる。

世界の外については、それが存在していることを鵜呑みにし、しかも言語をもちいて識別もしない。世界の内については、それをあらわす言語のはたらきを鵜呑みにし、ことさら議論をたたかわすことはない。いにしえの出来事については、議論をたたかわしたことは鵜呑みにしても、ことさら是非を判断することはない。

「論ずる」とき「存する」ことは鵜呑みにされる。「議する」とき「論ずる」ことは鵜呑みにされる。「弁ずる」とき「議する」ことは鵜呑みにされる。それぞれの営みにおいて鵜呑みにされるものは、ひとつまえのフェーズの営みだ。リンゴとミカンとを「分かつ」「弁ずる」とき、ぼくはリンゴやミカンが存在していると了解している。さらにリンゴとミカンとはちがうと認識していることも前提としている。

ぼくの営みには「弁ずる者には見ざる有るなり」という仔細《しさい》がある。もっとも、おのれの行為がなにを前提としているのかをわきまえることは、悲しい哉《かな》、聖人ならざる「衆人」には無理だ。せいぜい「之を弁じて以て相示す」ことで精一杯だ。

ちょっとだけ気になっていることがある。

この箇所について、池田本は「六合《りくごう》の外」を「この世の外（形而上の世界）」と訳し、「六合の内」を「この世の内（形而下の世界）」と訳している。カッコ内のようにおぎなってもよいのだろうか。

「六合」とは、天・地・東・西・南・北という宇宙の空間だ。ひとが世界とよんでいるものだ。「六合の外」とは区別があらわれるまえの世界で、「六合の内」とは区別があらわれている世界だ。

だとすると、これは「形而上の世界」と「形而下の世界」という区別とはちがう。形而上の世界とは、感覚を超えた世界、五感ではとらえられない世界だ。たとえば神とかイデアの世界とかいったものだ。


そもそも大いなる道はほめたたえられない。大いなる判断は言語であらわされない。大いなる善さは善いものではない。大いなる正しさは正しいものではない。大いなる勇ましさは逆らうものではない。

道が明らかにされれば道ではない。言語が判断にもちいられれば到達しない。善さが固定された意味をもてば成就しない。正しさが清らかなものであれば真実にならない。勇ましさが逆らうことであれば実現しない。

五つは（あまねくゆきわたる）円のようであろうとしても、かえって角張ったものに近くなってしまう。

だから知には知らないところがあるとわきまえるのが、もっともすばらしく知ることだ。いったいだれが言語によらない判断、道とみなされない道のことを知っているだろうか。もしそれを知ることがあれば、それこそが自然の倉庫とよぶべきものだ。（自然の倉庫は）いくら注《そそ》ぎこんでも溢《あふ》れることがなく、いくら汲《く》みあげても涸《か》れることがない。それでいてどうしてそうなのかという原因もわからない。これを秘められた光という。


夫大道不㆑称。大弁不㆑言。大仁不㆑仁。大廉不㆑嗛。大勇不㆑忮。

道昭而不㆑道。言弁而不㆑及。仁常而不㆑成。廉清而不㆑信。勇忮而不㆑成。

五者円而幾㆑向㆑方矣。

故知止㆓其所㆒㆑不㆑知、至矣。孰知㆓不言之弁、不道之道㆒。若有㆓能知㆒、此之謂㆓天府㆒。

注焉而不㆑満、酌焉而不㆑竭。而不㆑知㆔其所㆓由来㆒。此之謂㆓葆光㆒。


夫《そ》れ大いなる道は称せられず。大いなる弁は言わず。大いなる仁は仁ならず。大いなる廉は嗛《れん》ならず。大いなる勇は忮《そこな》わず。

道は昭《あき》らかにして而《しか》も道ならず。言は弁じて而も及ばず。仁は常《つね》にして而も成らず。廉は清くして而も信ならず。勇は忮いて而も成らず。

五者は円《まどか》にして而も方《ほう》に向かうに幾《ちか》し。

故に知は其の知らざる所に止《とど》まらば、至れり。孰《いず》れか不言の弁、不道の道を知らん。若《も》し能《よ》く知ること有らば、此れを之れ天府《てんぷ》と謂う。

注ぐも而も満たず、酌《く》むも而も竭《つ》きず。而も其の由《よ》りて来たる所を知らず。此れを之れ葆光《ほうこう》と謂う。


「道・弁・仁・廉・勇」が「大いなる」ものであるためには、大いなるものとして認識されてはならない。大いなるものの大いなる所以《ゆえん》は、大いなるものとして限定的にしめされないところに存する。

大いなるものは大いなるものとして認識されないという機微《きび》を、荘子は「知は其の知らざる所に止まらば、至れり」と知のはたらきに敷衍《ふえん》して論ずる。知ることには知らないところがあるとわきまえるのが、もっともすばらしく知ることだ、と。

全部をいっぺんに知ることはできない。全部をいっぺんに知ろうとすると、当の知ること自体がなりたたなくなる。知がはたらいているとき、なにかが知られることなく鵜呑《うの》みにされている。ただし、そうやって鵜呑みにしていることを、知る当人は知らない。

荘子《そうし》はいう。言語によってあらわされない判断、言語によって道としてあらわされない道、これを知ることを自然の倉庫（天府《てんぷ》）とよぶ、と。

荘子はまたいう。いくら注《そそ》ぎこんでも溢《あふ》れることがなく、いくら汲《く》みあげても涸《か》れることがないのに、どうしてそうなのかという理由もわからないはたらき、これを秘められた光（葆光《ほうこう》）とよぶ、と。

まさに無為なる認識のありかただ。この無為ということが「自然にある物はなにも為さない。人間だけがなにかを為そうとする。それは自然をそこなう愚かなふるまいだ」といった人為と相対する自然観をのべているとすれば、荘子には「人間もまた自然界における物のひとつだ」という自覚がないことになる。

もちろん自覚はある。あるからこそ人間もまた自然のように無為であらねばならないという思想も生まれてくる。ごりごりの「無為」一辺倒では、人間と自然との対立は解消されない。たんに無為であることは、はたして生きものの本質だろうか。生きものはつねに生きようとする。人間もまた例外ではない。そういう生きものの営みを肯定して、はじめて人間と自然との対立を解消する道がひらける。

しばしば、否、むしろ頻繁に、人間は自然を破壊する。そういう愚かしい人為にたいして、自然界は声なき声をあげている。それに耳をかたむけられないようでは、人間には万物の一員たる資格がない。あらゆる生きものが共生しうるような自然をそこなわない人為のありかたを荘子はもとめている。


「道・言（弁）・仁・廉・勇」の五者がならべて論ぜられている。それぞれのレベルにはちがいがある。

「道」は万物にあまねく通底する。「言（弁）・仁・廉・勇」は人間だけがおこなう人為だ。ただし荘子は、道と人為とを対立させるのではなく、連続的にみてゆこうとする。人間も他の物もひとしくそろって自然の法則にしたがって「一」なる物だ。

「言（弁）」と「仁・廉・勇」とのあいだにもレベルの差がある。言（弁）そのものは人為だが、その対象はあらゆる物におよぶ。たとえば、水は水素と酸素との化合物だといった判断もそうだ。「仁・廉・勇」はあくまでも人間の営み、とりわけ儒教の徳目との対比において注目される人間の「徳」のありかただ。

荘子《そうし》が「道・弁・仁・廉・勇」と「勇」をあげていることが気になる。なぜ気になるのかというと、孔子もまた「勇」をとりあげているから。

孔子は「仁者は憂《うれ》えず、知者は惑《まど》わず、勇者は懼《おそ》れず」という（『論語』憲問）。人格者はクヨクヨせず、知識人はウジウジせず、勇者はビクビクしない。

「仁・知・勇」という組みあわせが絶妙だとおもう。これら三者はけっして単独では存在しない。つねにいっしょにある徳だ。勇に仁や知が欠けると、むこうみずな蛮勇になってしまう。知に仁や勇が欠けると、ただの嫌みにしかならない。仁に知や勇が欠けると、ひどく情緒的な反応になってしまう。

孔子はまた「義を見て為さざるは勇無きなり」という（『論語』為政）。逃げちゃいけないとわかっていて逃げるのはいくじがない。

義という徳をささえているのは勇だ。徳はそれだけで単独に存立するものではない。それをささえる肝心なものがある。それこそが「大いなる徳」すなわち言語であらわされる以前の「徳」ではないだろうか。

こう考えてよいならば、儒者もまた徳以前の「大いなる」徳を憧憬する姿勢をもっていることになる。皮肉にも『荘子《そうじ》』を読むことによって、ぼくはそのことに気づかされた。

むかし堯《ぎょう》が舜《しゅん》にたずねた。

「わたしは宗《そう》・膾《かい》・胥敖《しょごう》の三国を討伐しようとおもう。ところが玉座にありながら、どうも気分がスッキリしない。どうしてだろうか」

舜がいう。

「あの三国の君主は、ヨモギがおいしげる荒れた土地に住んでいるものにすぎません。それなのに（玉座にある）あなたの気分がスッキリしないのはどういうわけでしょう。むかし十個の太陽がいっぺんにあらわれて、万物をくまなく照らしました。まして太陽よりもすぐれた徳（をそなえたあなた）なのですから（わざわざ討伐などなさることはありません）」


故昔者堯問㆓於舜㆒曰、我欲㆑伐㆓宗、膾、胥敖㆒。南面而不㆓釈然㆒。其故何也。

舜曰、夫三子者、猶存㆓乎蓬艾之間㆒。若不㆓釈然㆒何哉。昔者十日並出、万物皆照。而況徳之進㆓乎日㆒者乎。


故に昔者《むかし》、堯、舜に問いて曰く、我、宗、膾、胥敖を伐《う》たんと欲す。南面して而《しか》して釈然たらず。其の故何ぞや。

舜曰く、夫《か》の三子という者は、猶《な》お蓬艾《ほうがい》の間に存す。若《なんじ》の釈然たらざるは何ぞや。昔者、十日並び出《い》で、万物皆照さる。而《しか》るを況《いわ》んや徳の日よりも進める者をや。

知のはたらきを論じていたかとおもうと、とってつけたように堯《ぎょう》・舜《しゅん》といういにしえの聖人のエピソードが語られる。どういう脈絡があるのだろうか。

道徳の話から政治の話になるのは、ごく自然なことだ。アリストテレスはいっている。倫理学のテーマは幸福で、政治学のテーマは「ひとびとを幸福にすること」だから、倫理学は政治学の一部だ、と。

堯はおのれの為政が「大いなる」徳ではなく、戦争という愚かしい人為の最たるものであることを案じている。舜はいう。ただ太陽のように万物を照らしておいでなさい、と。

舜は堯のことを「徳の日よりも進める者」とみなし、「大いなる」徳をもつものとして行為せよと説く。おのれの征服欲をみたすのではなく、万物ひとしくそろって共生すべし、と。

力による覇道政治から徳による王道政治へとシフトすることは、荘子の生きた時代にあってはむずかしかった。いまもなお依然としてむずかしい。

諸子百家とよばれる思想家たちは、遠い未来をみすえ、徳治主義をもとめた。それは儒家も道家《どうか》もいっしょであって、もっぱら徳のありかたをめぐってのみ論争していたのだろう。

至人《しじん》の章

善し悪しといった倫理的な判断の場合、観点や立場において相対的に主張することが可能だ。たとえば酒を飲むことは、快楽という観点からは善いが、健康という観点からは悪い。

真理の判断の場合、相対主義的に主張することはむずかしい。たとえば科学的な発見は、新たな見方をもたらすかぎりにおいて有用なのであって、それ自体が真だったり偽《ぎ》だったりするわけじゃない。

まっとうな相対主義者なら是非ともしりぞけるべき考えかたがある。それは「すべての知識が原理的にそれへと還元されうるような完全に真なる世界の語りかたがある」といった妄想だ。

完全に真なる世界の語りかたを可能にするもの、たとえば万物の創造主とか、宇宙の主宰者とか、そういったものの象徴として「天・道」なるものがある、という絵空事をでっちあげてはならない。

世界について完全に「言う」ことは可能でない。世界について言うことが、それを言うものの自己言及をふくみうるか否かということを考えてみるだけで、そのことは容易に理解できる。もし世界について完全に言うことが可能ならば、世界について言うものが世界についての言うことの一部としてふくまれることになり、言うものと言われるものとのあいだに完全な相似がなりたつはずだ。

言うことは、言うことにおいて世界をたえず超え出《い》でてゆく。もし相対主義がゆるされるとしたら、それは観点がたえずリニューアルされる余地をもつかぎりにおいてだろう。

一切を言い尽くすことはできない。だからこそ同じ世界についてさまざまに言うことができる。


齧缺《げっけつ》が王倪《おうげい》にたずねる。

「先生は万物がひとしく是とするところを知っていますか」

「どうしてそんなことを知っていよう」

「先生は自分が知らないことを知っていますか」

「どうしてそんなことを知っていよう」

「してみると万物には知るということがないのでしょうか」

「どうしてそんなことを知っていよう。けれどもこころみに言語でしゃべってみよう。わたしの知っていることが、じつは知らないことではないと、どうして知っているだろうか。わたしの知らないことが、じつは知っていることではないと、どうして知っているだろうか。

ひとつためしにおまえに問うてみよう。

ひとは湿ったところに寝ていると足腰がたたなくなって死んでしまう。ドジョウもそうだろうか。（ひとは）木のうえにいるとびくびくぶるぶると恐れおののく。サルもそうだろうか。（ひと・ドジョウ・サルの）三者のうちだれが正しい居場所を知っているのだろうか。

ひとは家畜の肉をたべる。シカは草をたべる。ムカデはヘビをこのむ。トビやカラスはネズミをこのむ。（ひと・シカ・ムカデ・トビやカラスの）四者のうちだれが正しい味を知っているのだろうか。

サルはサルどうしでつがいになる。シカはシカどうしでまじわる。ドジョウは魚とたわむれる。毛嬙《もうしょう》や麗姫《りき》のことを、ひとはみな美女とみなす。魚はこれをみると水深くもぐりこむ。鳥はこれをみると空高くとびあがる。シカはこれをみるとあわてて逃げさる。（ひと・魚・鳥・シカの）四者のうちだれが正しい美しさを知っているのだろうか。

わたしの目からみれば、仁義のことわり是非のけじめはゴチャゴチャといりみだれている。どうやって判断すればよいのか、わたしにはさっぱりわからない」

齧欠がいう。

「先生ですら利益と損害とのちがいを知らないとなれば、至人《しじん》もまた利益と損害とのちがいを知らないのでしょうか」

王倪《おうげい》がいう。

「至人はまことに不可思議な存在だ。大きな沼沢のほとりのくさむらが燃えあがろうとも熱がらせることはできない。黄河や漢水のながれが凍りつこうとも寒がらせることはできない。雷が山をつきくずし風が海をふるわせようとも驚かせることはできない。このような不可思議な存在は、雲や霧にのり、日や月にまたがって、四方の海の外を逍遙する。死であれ生であれ、そのもののありかたを変えることはない。まして利益と損害とのちがいといった瑣事《さじ》に変えられることなどあったりするだろうか」


齧缺問㆓乎王倪㆒曰、子知㆔物之所㆓同是㆒乎。

曰、吾悪乎知㆑之。

子知㆓子之所㆒不㆑知邪。

曰、吾悪乎知㆑之。

然則物無㆑知邪。

曰、吾悪乎知㆑之。雖㆑然嘗試言㆑之。

庸詎知㆓吾所㆑謂知之非㆒㆑不㆑知邪。庸詎知㆓吾所㆑謂不㆑知之非㆒㆑知邪。

且吾嘗試問㆓乎女㆒。

民湿寝則腰疾偏死。鰌然乎哉。木処則惴慄恂懼。猨猴然乎哉。三者孰知㆓正処㆒。

民食㆓芻豢㆒。麋鹿食㆑薦。蝍且甘㆑帯。鴟鴉嗜㆑鼠。四者孰知㆓正味㆒。

猨猵狙以為㆑雌。麋与㆑鹿交。鰌与㆑魚游。毛嬙、麗姫、人之所㆑美也。魚見㆑之深入。鳥見㆑之高飛。

麋鹿見㆑之決驟。四者孰知㆓天下之正色㆒哉。

自㆑我観㆑之、仁義之端、是非之塗、樊然殽乱。吾悪能知㆓其弁㆒。

齧缺曰、子不㆑知㆓利害㆒則至人固不㆑知㆓利害㆒乎。

王倪曰、至人神矣。大沢焚而不㆑能㆑熱。河漢沍而不㆑能㆑寒。疾雷破㆑山、風振㆑海而不㆑能㆑驚。若㆑然者、
乗㆓雲気㆒、騎㆓日月㆒、而遊㆓乎四海之外㆒。死生無㆑変㆓於己㆒。而況利害之端乎。


齧缺《げっけつ》、王倪に問いて曰く、子《し》は物の同じく是《ぜ》とする所を知るか。

曰く、吾悪《いず》くんぞ之を知らん。

子は子の知らざる所を知るか。

曰く、吾悪くんぞ之を知らん。

然《しか》らば則ち物は知ること無きか。

曰く、吾悪《いず》くんぞ之を知らん。然《しか》りと雖《いえど》も嘗試《こころ》みに之を言わん。

庸詎《いず》くんぞ吾が知ると謂う所の知らざるに非《あら》ざるを知らんや。庸詎くんぞ吾が知らずと謂う所の知るに非ざるを知らんや。

且《か》つ吾嘗試みに女《なんじ》に問わん。

民は湿《しつ》に寝《い》ぬらば則ち腰疾し、偏死《へんし》す。鰌《どじょう》は然らんや。木に処《お》らば則ち惴慄《ずいりつ》し、恂懼《じゅんく》す。猨猴《えんこう》は然らんや。三者孰《いず》れか正しき処を知らん。

民は芻豢《すうかん》を食らう。麋鹿《びろく》は薦《せん》を食らう。蝍且《むかで》は帯《へび》を甘《うま》しとす。鴟鴉《しあ》は鼠を嗜《たしな》む。四者孰れか正しき味を知らん。

猨《さる》は猵狙《へんそ》を以て雌《めす》と為す。麋は鹿と交わる。鰌は魚と游ぶ。毛嬙《もうしょう》・麗姫《りき》は人の美とする所なり。魚は之を見て深く入る。鳥は之を見て高く飛ぶ。麋鹿は之を見て決して驟《はし》る。四者孰れか天下の正しき色を知らん。

我自り之を観るに、仁義の端、是非の塗、樊然《はんぜん》として殽乱《こうらん》す。吾悪くんぞ能《よ》く其の弁を知らん。

齧缺《げっけつ》曰く、子《し》の利害を知らざれば則ち至人《しじん》も固《もと》より利害を知らざるか。

王倪《おうげい》曰く、至人は神《しん》なり。大沢焚《や》くるも而《しか》も熱《や》く能《あた》わず。河漢冱《かかんこお》るも而も寒《こご》ゆる能わず。疾雷山を破り、風海を振るうも而も驚かす能わず。然るが若《ごと》き者は、雲気に乗り、日月に騎《の》り、而して四海の外に遊ぶ。死生も己《おの》れを変うること無し。而るを況《いわ》んや利害の端をや。

万物がひとしく是《ぜ》とするところを知っているか、と齧缺は問う。問うているのは普遍的に妥当する真理、たとえば自然の法則についてではない。だれもが共通して正しいとみなしているような世間知についてだ。

王倪は答える。知らない、と。

自分が知らないことを知っているか、と齧缺はかさねて問う。これって的を射た問いかただろうか？

王倪は「物の同じく是とする所」について「吾悪《いず》くんぞ之を知らん」と答えていた。自分が知らないことを知っているからこそ、そう答えたのだろう。だとすれば、このたびの王倪の答えも当然「知らない」となるはずだ。かさねて問う必要はなかったんじゃないだろうか。

案の定、王倪は答える。知らない、と。

じゃあ人間もふくめて万物にはそもそも知るということがないのでしょうか、と齧缺は執《しつ》拗《よう》に問いをかさねる。

王倪は判で押したように答える。知らない、と。

三度にわたって「知らない」と答えるということは、王倪はおのれが「知らない」ということは知っているにちがいない。「吾悪くんぞ之を知らん」とは、たんなる「知ること無き」

ことではない。

ほんとうに大切なものを、ぼくはまだ知らない。しかし、まだ知らないことは知っている。そのかぎりにおいて、ぼくは知るものといえる。

ご存じ、ソクラテスの立場だ。

知らないことについては語らない。これは当然のことだ。ほんとうに大切なことについて、あたかも知っているかのごとくに語るのは、ほんとうには知らない証拠だ。

ほんとうに大切なものは言語ではあらわせない。「ほんとうに大切なものを知る」こと、「それを言語であらわす」こと、このあいだの隘路《あいろ》をいかにしてとおりぬければよいのだろう？

いったいどういう問答がかわされているのだろうか。とりあえず齧缺《げっけつ》の問いをチェックしてみよう。

一度目は、あなたは万物がひとしく是とするところを知っているか、と万物の知についてたずねている。二度目は、あなたは自分が知らないことを知っているか、と王倪《おうげい》自身の知にたずねている。三度目は、物には知るということがないのか、とふたたび万物の知についてついてたずねている。

まずは万物の知について問い、ついで王倪自身の知について問い、さらに万物の知について問う。しつこく問いをかさねているところをみると、齧缺はどうやら「知は其の知らざる所に止《とど》まらば、至れり」という機微《きび》がわかっていないらしい。

業を煮やした王倪は、「然《しか》りと雖《いえど》も嘗試《こころ》みに之を言わん」と説明をこころみる。ところが、その説明がまた木で鼻をくくったような素っ気ないものだった。

a　庸詎知吾所謂　知之非不知　邪。

b　庸詎知吾所謂　不知之非知　邪。

aとbとのちがいは「知之非不知」「不知之非知」の箇所だ。

aの「知るの知らざるに非《あら》ざる」は、「知っていることが、じつは知らないことではないこと」だ。bの「知らざるの知るに非ざる」は、「知らないことが、じつは知っていることではないこと」だ。

このふたつについて王倪は「庸《い》詎《ず》くんぞ知らんや」という。知っていることが知らないことでないと、また知らないことが知っていることではないと、どうして知っているだろうか、と。「知る」「知らない」は、しょせん人間が言語をもちいて分別しているにすぎない。知っているといっても、知らないといっても、じつはどちらも知っていない、といいたいのだろうか。

ひと・ドジョウ・サル・シカ・ムカデ・トビ・カラスの生態については穿鑿《せんさく》しないことにしよう。ムカデはヘビをこのむといわれると首をかしげたくなるが、まあ譬《たと》えということでゆるそう。そんなことよりも、そもそも「正しき処・正しき味・正しき色」の「正」の意味するところが気になる。

正しいというのが、もし自然の法則にしたがっていることなら、一切万物はことごとく自然の法則にしたがって存在しているのだから、すべてが正しいことになる。

そうだとすると、もとより正しいものなどない、と王倪《おうげい》はいっていることになる。絶対に正しいものなどないのに、いたずらに世間知によって分別し、ひとりよがりに正しいという判断をくだしてどうする、と。

「正しき処・正しき味・正しき色」は、およそ普遍的に妥当する真理ではない。その証拠に、人間と他の生きものとではその「正しき」ところが異なる。

じゃあ王倪は、人間と他の生きものとは異なるが人間にとってはすべて同じだと考えているのだろうか？　王倪もふくめ、すべての人間にとって「正しき」は同じことになるのだろうか？　そうだとすると王倪もまた世間知をみとめていることになる。

齧欽《げっけつ》にとって世間知は、そのまま普遍的に妥当する真理だ。それたいして王倪にとって世間知は、ただちに普遍的に妥当する真理ではない。

齧欽は知ることにおいて言語のはたす役割にひどく無頓着だ。「正しき処・正しき味・正しき色」として言語的に判断したものが、そのまま普遍的に妥当する真理になるとおもっている。そこへゆくと王倪は言語のはたらきに懐疑的だ。言語的に判断したものがただちに普遍的に妥当する真理ではないと知っている。

知っている、はいいすぎかもしれない。知っているというのが、普遍的に妥当する真理だと知っていることを意味するとしたら、そうではないから。

「知っている」あるいは「言語的に判断する」ことには、「普遍化する」という言語のはたらきがかかわっている。

王倪の「知ること」あるいは「言語的に表現すること」への態度はひどく屈折している。ここでの知るか知らないかをめぐっての執拗《しつよう》な問答に、そのことは色濃くあらわれている。

ひとびとの「正しき処・正しき味・正しき色」にかんする世間知は、いったん言語的にあらわされてしまうと、たちまち普遍的な真理になってしまう。しかし言語であらわされる以前には普遍的でもなんでもなかった。

そのことへの自覚をうながすべく、言語をもたない他の生きものの知の譬《たと》えをあげて、王《おう》倪《げい》は人間の世間知に疑義を呈している。

ある対象を認識するとき、ふたつの場合が考えられる。

ひとつは、それは「丸い」という場合。その対象それ自体がどうであるかということによって言葉の意味がきまる。それが丸いかどうかは、それをみるものの主観によってではなく、それの形によってきまる。これは対象に依存してもたらされる客観的な述語づけだ。

もうひとつは、それは「美しい」という場合。それ自体がどうかということもさることながら、それをみる主体がどういう態度をとるかによって言葉の意味がきまる。これは主体に依存してもたらされる主観的な述語づけだ。

対象に依存する客観的な述語づけの場合、相対主義はなりたちにくい。相対主義がつきつけられるのは、主体に依存する主観的な述語づけの場合だ。

この世界には絶対に美しい物などない。そのひとが美しいとみなすから、それは美しいだけだ。ひとの知によって美しいことがもたらされる。ひとの知に相対的でしかない判断にとらわれるのは、なるほど愚かしい。

仁義のことわりや是非のけじめといった「正しき」ものをきめる分別は、そもそも無用のものだ。「吾悪《いず》くんぞ能《よ》く其の弁を知らん」と、王倪は世間知による分別をバッサリと斬りすてる。

すると齧缺《げっけつ》は、いきなり「子《し》の利害を知らざれば」と話を利害のほうにもってゆく。これがどうもピンとこない。

「是とする所」「正しき」をみとめないことは、つまり利益と損害とのちがいを知らないということだ。じゃあ「至人《しじん》」もまた「利害を知らざる」ものだっていうことになるのですか、と齧缺は食ってかかる。

議論がうまく噛みあっていない。齧缺はずっと世間知にこだわっている。王倪は「吾悪くんぞ之を知らん」「吾悪くんぞ能く其の弁を知らん」と根っから「知る」というかたちの分別をいぶかしんでいる。

齧缺には、「仁義の端、是非の塗」は普遍的に妥当する真理ではなく、だれもが是認しているような世間知にすぎない、という自覚がない。王倪がさんざん「そんな世間の知など知らん」といっているのに、それをたんなる無知の表明と受けとって、「子の利害を知らざれば」と世俗の知の極みともいうべき利害の話をもちだし、あろうことか「至人」にまでとばっちりを食わせようとする。

王倪《おうげい》はいう。「至人は神《しん》なり」と。至人は神であって人間ではない。王倪はまたいう。「四海の外に遊ぶ」と。至人はこの世のものではない。至人なるものが「神」とみまがう存在だとすれば、そんな一切の分別を超えたものが、はたして人間にとって理想の存在でありうるだろうか。

至人はなるほど普遍的に妥当する真理を体現しているのだろう。ただし至人にたいする王倪の大仰なもちあげかたをみるに、その評価はかならずしも肯定的なものではないようにおもわれる。

「大沢焚《や》くるも而《しか》も熱《や》く能《あた》わず。河漢《かかん》沍《こお》るも而も寒《こご》ゆる能わず。疾雷山を破り、風海を振うも而も驚かす能わず」というふうに、至人は自然の法則に毫《ごう》もしたがうことがない。そのような存在はおよそ空想によってえがかれたカリカチュアにすぎない。

至人にあこがれるのは不毛だ、と王倪はおもっている。そんな「死生も己《おの》れを変うること無」いような浮世ばなれしたものにとらわれてはならない。

あらゆる生きものは「吾悪《いず》くんぞ能《よ》く其の弁を知らん」とわきまえて、おのがじし生きるべきように生きている。それが「利害を知らざ」る生きかただというならば、たしかに利害を「知る」ことなく生きている。

自然の法則について、ひとは言語をもちいて説明できない。しかし日常生活の万端がすべて自然の法則につらぬかれているということを、ひとは知っている。知ったうえで、そのことを受けいれている。

「知る」という語は両義性をもつ。それは言語化可能な知と暗黙知とだ。

自然の法則について、ひとは言語化が可能な仕方では知っていない。そのかわり日常生活において前提としている知、すなわち暗黙知としては知っている。

本で読んで知る。これは言語化が可能な知だ。身をもって経験する。これは暗黙知だ。

頭でっかちなものは、とかく言語化が可能な知によって知ろうとする。じつをいうと暗黙知によるほうが、むしろビビッドに知ることができる。物そのものを経験するという「是《こ》れに因《よ》る」ような知りかたのほうが、じっさいに存在の一義性を認識できる。

王倪は「吾悪くんぞ之を知らん」とくりかえす。知らないとは、知るべきことを知っていることだ。知らないことを知らないと、知ることにはつながらない。

もし至人がいるならば、かれもまた自然の法則にしたがっているはずだ。ただし至人における自然の法則は、頭のなかの知識としてではなく、身についた身体知としてはたらいている。たとえば武道の修行をかさねることによって身につけられる自然な身のこなしのようなものだろうか。なにも為さないかのような、ひたすら無理のないふるまいだ。

そうであるならば、「物の同じく是とする所を知る」というありかたは、自然の法則を体得した結果であって、自然の法則のはたらきを言語化するための方法ではないことになる。自然の法則は、いくら目をこらしてもみえず、耳をすませてもきこえず、手をのばしてもさわれない。感覚的には「ない」としかいえない。けれども感覚を超えたかたちで「ある」にちがいない。

物について語るような仕方でもって自然の法則について語ることはできない。とはいえ物について語るのとはちがった語りかた、たとえば物について語ることを否定するような語りかたをしようとすると、ひどく神秘的な語りになってしまう。

王倪《おうげい》は示唆している。暗黙知に身をゆだねよ、と。現実にある物をみよ、と。

ぼくは齧缺《げっけつ》のことを、ひょっとすると誤解していたのかもしれない。

齧缺は「子《し》は物の同じく是とする所を知るか」と王倪にたずねた。この「知る」は、頭のなかに概念をこしらえることではなく、感覚として身につけることだったのかもしれない。

概念的にふるまうとは理性的・論理的に処理することだ。感覚的にふるまうとは直観的・非論理的に把握することだ。こういった二元論をみとめるとして、感覚的であることをネガティブにとらえるべきではない。人籟《じんらい》・地籟《ちらい》をきくことから書き起こしていたように、この世界を知覚するという人間の知のありかたを、荘子は論じようとしているのだから。

知覚とは、感覚をとおして、世界をひとまとまりの対象としてとらえることだ。感覚とは、視覚・聴覚・触覚・味覚・嗅覚など、具体的になにかを感じとることだ。これらはすべて現実になにかがあることを前提としている。感覚とは、現実に存在する物のありようを感じとる能力だ。

それぞれの生きものにとっての「正しき処・正しき味・正しき色」は、それぞれに異なっている。しかしそれらは「利害」の観点からすれば同じく道にしたがっている。その生きものが生存するうえで、それぞれ利のあるものがもとめられ、害のあるものがしりぞけられる。そうしてみると齧缺のいう利害とは、世間的な、つまり人間的な意味での利害ではなくて、それぞれの生きものにとっての生存上の利害だったのかもしれない。

天倪《てんげい》の章

こんな夢をみた、と過去形で語るとき、ぼくは現実のなかで語っている。現実こそがぼくの生きる場だ。水中こそが魚の生きる場であるように。

夢について過去形で語ったからには、それを現在形でも語ってみたくなるのは人情だ。いま夢をみている、いま夢をみていない、と現在形で語ることは、はたして可能だろうか。

いま夢をみている、と現在形で語ってみる。ぼくはそう語っていることを自覚している。自覚しているからには、ぼくは目覚めている。いま夢をみている、と語っていることを自覚しているとき、ぼくは夢をみてはいない。

いま夢をみていない、と現在形で語ってみる。ふたつの場合が考えられる。ひとつは熟睡している場合。語ることと熟睡していることとが矛盾することは明らかだ。もうひとつは目覚めている場合。語るというのは目覚めているときの営みだ。かりに夢のなかで目覚めることがあっても、それは夢のなかでのことだから、そこから目覚めることがありうる。

かくして夢について現在形で語ることはできない。現実のこの世界は、夢であるとも夢でないとも「言う」ことはできない。

瞿鵲子《くじゃくし》が長梧子《ちょうごし》にたずねる。

「わたしはこんなことを先生（孔子）からうかがったことがあります。聖人は俗っぽい世事にはかかずらわない。利益をもとめようとしない。損害からのがれようとしない。自然の法則をもとめることをよろこばない。自然の法則にしたがおうとしない。なにも語ることがないようでなにか語っている。なにか語っているようでなにも語っていない。そうやって世俗のしがらみをはなれて悠々とそぞろ歩きしている。

先生はこれをとりとめのない世迷《よま》い言《ごと》だとおっしゃいました。わたしはこれこそ自然の法則にしたがったありかただとおもいます。あなたはどのようにおもいますか」

長梧子がいう。

「それは黄帝《こうてい》ですらどうこうすることもできないような次元のことだ。まして孔丘ごときにわかろうはずもない。それにおまえもそそっかしいにもほどがある。ニワトリのタマゴをみただけで、ニワトリが鳴いて時をつくってくれるとおもい、獲物をとらえる飛び道具をみただけで、うまい焼き肉にありつけるとおもうとは。

わたしはためしにこれからいい加減なことをいってみる。おまえもひとついい加減にきいてみてくれ。よいかな。

（聖人は）太陽や月と肩をならべ、宇宙を小脇にかかえ、この世界を自然の法則にしたがって一如であるとみなし、渾沌《こんとん》たるありかたに身をゆだね、賤《いや》しいものどうしでたがいに尊びあっている。

世人はこざかしくあくせくしている。聖人は愚かもののようにぼんやりしている。（聖人は）無窮の時のながれゆくまま、ひたすら純朴なありかたをしている。万物はそのような（自然の法則にしたがった）ありかたをしている。（万物は）たがいに包みこむように関係しあっている。

わたしはどうして生きることをよろこぶのが惑《まど》いでないと知っていようか。わたしはどうして死ぬことをにくむのが物心がつくまえに故郷を喪失したものでないと知っていようか。麗姫《りき》は艾《がい》という地の国境の番人の娘だ。晋《しん》の国にとらえられたとき、涙で襟《えり》がぬれそぼつまで泣きくずれたものだ。ところが王にとつぎ、ベッドをともにし、ご馳走をたらふくいただくにおよんで、あのときなんで泣いたりしたのかしらと悔やんだという。

わたしはどうして死んでしまったものが生きていたときに生きていることをよろこんだりしたのを悔いていないことを知っていようか。

夢のなかでわいわい酒を飲んでいたものが、一夜明けるとおいおい声をあげて泣く。夢のなかでおいおい声をあげて泣いていたものが、一夜明けるといそいそ狩りにでかける。

いましも夢をみているとき、これが夢であることはわからない。夢のなかで夢かどうかを占ったりもするが、目覚めてはじめてそれが夢だとわかる。

大いなる目覚めがあってこそ、あとになって大いなる夢だということがわかる。ところが愚かものは、自分はちゃんと目覚めているとおもいこみ、なにもかもわかったような気になっている。やれ民をおさめるだの、やれ民をやしなうだのとうそぶく。なんともはや頑迷であることよ。

孔子とおまえとがしゃべったのも夢をみたのだ。わたしがおまえとこうして夢についてしゃべっているのも夢をみているのだ。

こんなふうに説こうものなら、世間のひとびとからは荒唐《こうとう》無稽《むけい》なタワゴトだとみなされる。はるかのちの世にあって道理をわきまえた大聖人とでくわすというのも、朝夕のなにげない日常のなかですれちがうようなものだろう（すでにであっているのかもしれないし、まだであっていないのかもしれない）。

瞿鵲子問㆓乎長梧子㆒曰、吾聞㆓諸夫子㆒。

聖人不㆑従㆓事於務㆒。不㆑就㆑利。不㆑違㆑害。不㆑喜㆑求。不㆑縁㆑道。无㆑謂有㆑謂。有㆑謂无㆑謂。而遊㆓乎塵垢之外㆒。

夫子以為二孟浪之言一。而我以為二妙道之行一也。吾子以為二奚若一。

長梧子曰、是黄帝之所二聴熒一也。而丘也何足二以知一レ之。且女亦大早計。見レ卵而求二時夜一、見レ弾而求二鴞炙一。

予嘗為レ女妄二‐言之一。女以妄二‐聴之一。奚。

旁二日月一、挟二宇宙一、為二其脗合一、置二其滑涽一、以レ隷相尊。

衆人役役。聖人愚芚。参二万歳一而一成レ純。万物尽然。而以レ是相蘊。

予悪乎知二説レ生之非一レ惑邪。予悪乎知三悪レ死之非二弱喪而不レ知レ帰者一邪。

麗之姫、艾封人之子也。晋国之始得レ之也、涕泣沾レ襟。及下其至二於王所一、与レ王同二筐床一、食中芻豢上、而後悔二其泣一也。

予悪乎知二夫死者不一レ悔二其始之蘄一レ生乎。

夢飲酒者、旦而哭泣。夢哭泣者、旦而田猟。

方二其夢一也、不レ知二其夢一也。夢之中又占二其夢一焉、覚而後知二其夢一也。

且有二大覚一而後知二此其大夢一也。而愚者自以為レ覚、窃窃然知レ之。君乎、牧乎。固哉。

丘也与レ女皆夢也。予謂二女夢一亦夢也。

是其言也、其名為二弔詭一。万世之後、而一遇三大聖知二其解一者、是旦‐暮遇レ之也。

瞿鵲子《くじゃくし》、長梧子《ちょうごし》に問うて曰く、吾、諸《これ》を夫子《ふうし》に聞けり。

聖人は務めに従事せず。利に就《つ》かず。害を違けず。求むるを喜ばず。道に縁《よ》らず。謂う无《な》くして謂う有り。謂う有りて謂う无し。而《しか》して塵垢《じんこう》の外に遊ぶ。

夫子は以て孟浪《もうろう》の言と為す。而るに我は以て妙道の行と為すなり。吾子は以て奚若《いかん》と為す。

長梧子曰く、是《こ》れ黄帝《こうてい》の聴きて熒《まど》う所なり。而るを丘《きゅう》や何ぞ以て之を知るに足らん。且《か》つ女《なんじ》も亦《ま》た大《はなは》だ早計なり。卵を見て、而して時夜《じや》を求め、弾を見て、而して鴞炙《きょうしゃ》を求む。

予、嘗《こころ》みに女の為に之を妄言せん。女、以て之を妄聴せよ。奚《いかん》。

日月と旁《なら》び、宇宙を挟《さしはさ》み、其の脗合《ふんごう》を為し、其の滑涽《こつこん》に置き、隷《れい》を以て相尊ぶ。

衆人は役役《えきえき》たり。聖人は愚芚《ぐとん》たり。万歳に参じ、而して一《いつ》に純を成す。万物は尽《ことごと》く然《しか》り。而して是を以て相蘊《つつ》む。

予悪《いず》くんぞ生を説《よろこ》ぶことの惑《まど》いに非《あら》ざるを知らんや。予悪くんぞ死を悪《にく》むことの弱喪《じゃくそう》にして帰るを知らざる者に非ざるを知らんや。

麗姫《りき》は艾《がい》の封人《ほうじん》の子なり。晋《しん》国の始めて之を得《う》るや、涕泣して襟《えり》を沾《うるお》す。其の王の所に至り、王と筐床《きょうしょう》を同《とも》にし、芻豢《すうかん》を食らうに及び、而る後に其の泣きしを悔ゆるなり。

予悪くんぞ夫《か》の死ぬる者の其の始めに生を蘄《もと》めしを悔いざるを知らんや。

夢に飲酒せる者、旦《あした》にして而して哭泣す。夢に哭泣せる者、旦にして而して田猟《でんりょう》す。

其の夢みるに方《あ》たるや、其の夢なるを知らざるなり。夢の中に又其の夢を占うも、覚《さ》めて而《しか》る後に其の夢なるを知るなり。

且《か》つ大覚有りて、而る後に此れ其の大夢なるを知るなり。而るに愚者は、自ら以て覚めたりと為し、窃窃然《せつせつぜん》として之を知れりとす。君といい、牧という。固《こ》なるかな。丘《きゅう》と女《なんじ》と皆夢なり。予、女を夢と謂うも亦《ま》た夢なり。是《こ》れ其の言や、其の名を弔詭《てきき》と為す。万世の後、而して一たび大聖の其の解を知る者に遇うは、是れ旦暮《たんぼ》に之に遇うなり。

こんなことを先生からきいたことがある、と瞿鵲子《くじゃくし》は話をきりだす。自分の先生である孔子を話のダシにつかっている。

『荘子《そうじ》』のなかで、孔子はちょくちょく揶揄《やゆ》される。思想的な対抗者として意識されていると感じる。そこへゆくと『論語』をひもといても、荘子や老子《ろうし》は登場してこない。ただし微子篇にでてくる隠者たちは孔子のことをしきりに批判している。

孔子がいったという聖人の生きかたについて、孔子みずから「とりとめのない世迷《よま》い言《ごと》」だと自嘲したらしいが、ほんとうにそんなふうにあざけったのだろうか。『論語』にみえる隠者にたいする孔子の反応にかんがみて、超俗的な生きかたを頭ごなしに否定するとはおもいにくい。

「道」を自然の法則として理解するとき、道家《どうか》の所論はきわめて合理的であって、およそ神秘的な空論とは考えられない。にもかかわらず、道をなにかしら人知を超えたミステリアスな存在として考えるような理解が、どうして生まれてしまったのだろう？　儒教が標準的なイデオロギーとなった中国にあっては、儒教的な考えかたに対抗するような思想はのきなみ非合理的とみなされてしまうような風潮があったのだろうか。

「務めに従事せず。利に就《つ》かず。害を違けず。求むるを喜ばず。道に縁《よ》らず。謂う无《な》くして謂う有り。謂う有りて謂う无し。而して塵垢《じんこう》の外に遊ぶ」という生きかたは、とりとめのない世迷い言（孟浪《もうろう》の言）どころか、まさに自然の法則にしたがったありかた（妙道の行）にほかならない。ただしそれは黄帝《こうてい》ですらどうこうすることもできないレベルの生きかただ。したり顔をして吹聴するとは、なんと「早計」なことよ、と長梧子《ちょうごし》はたしなめる。

1　俗事にかかずらわらない。利益をもとめない。損害からのがれない。
2　自然の法則をもとめることをよろこばない。自然の法則にしたがおうとしない。
3　なにも語らないようでなにかを語る。なにか語っているようでなにも語らない。
4　世俗のしがらみをはなれて悠々ととそぞろ歩きしている。

孔子の説明の仕方は、1・2・3が実行できれば、結果として4が得《え》られる、という構成になっている。そうだとすれば、その実行と結果とのむすびつけかたが「早計」なのだろう。1を実行できさえすれば4が結果として得られる、と考えるのは短絡的だ。世事にかかわらず、利益をもとめず、損害からのがれないだけでは、ただの無為の徒でしかない。世俗のしがらみから超然としているためにも、生きてゆくうえでの最小限の営みは必要だ。それはどんな営みなのか。2と3とが、はなはだ抽象的ながら、その指針になる。2の指針は、ひどく逆説的にきこえる。が、そうではない。そもそも自然の法則は意識的にしたがうべきものではない。

この本のなかで、ぼくは自然の法則にしたがうといった表現をもちいている。「したがう」という語の使いかたについて、この場をかりて読者と意思の疎通をはかっておきたい。法律にしたがうのと自然の法則にしたがうのとでは、語の使いかたがちがう。法律の場合、したがうこともあれば、したがわないこともある。自然の法則の場合、したがわないことはありえない。どうやったらしたがわないことになるのかすらわからない。法律にしたがわないものがいても、法律がなりたたなくなるわけではない。自然の法則の場合はちがう。自然の法則にしたがわない現象がひとつでもあれば、自然の法則をあらためなければならない。

3の指針は、さらに難解だ。おもいきって一刀両断していうならば、「なにごとかを語ろうとするな。そのつど必要なことを語るだけでよい」ということだ。いちいち意識的に自然の法則したがおうとすることはない。物の変化にひたすら身をゆだねていればよい。まさに言うは易《やす》く行うは難《かた》きことだけれども。

そんな見果てぬ夢のような生きかたの表明が、瞿鵲子《くじゃくし》の口からポロリとこぼれる。自分のいっていることがわかっていっているのか？　小耳にはさんだことをいっているだけじゃないのか？　と長梧子《ちょうごし》はたしなめる。瞿鵲子の口ぶりそのものがオッチョコチョイなのだろう。

瞿鵲子をたしなめておきながら、長梧子はいう。ためしにこれからいい加減なことをいってみるから、ひとついい加減にきいてみてくれ、と。

すこぶる愉快だ。聖人の生きかたを語るからにはこうでなければならない、と長梧子は3の指針をみずから実践しようとする。

瞿鵲子《くじゃくし》の語りかたは、これこそ自然の法則にしたがったありかただ、と自分からいっている。なにごとかを語ろうと躍起になっている。それではいけないよ、と長梧子《ちょうごし》はいさめる。

聖人は「万歳に参じ、而《しか》して一《いっ》に純を成す」というふうに、無窮の時がながれゆくにまかせ、ひたすら純朴なありかたをしている。万物もまた然《しか》り。物と物とはたがいに包みこむように関係しあっている。

長梧子はいう。生きるのも死ぬのも自然の法則にしたがった出来事にすぎない。すべては自然の法則にしたがって存在のありかたが変化するのだから、いちいち気に病んでみてもしょうがない。

だれしも生まれたところが故郷になる。その生まれた場所をはなれることは、ひとまず故郷を喪失したといえなくもない。しかし故郷とは自分が生まれたところだと自分でおもっている場所のことだ。たとえその土地をはなれていなくても、そこが故郷だとおもえなくなっていれば、もはや故郷を喪失している。

長梧子のいう故郷とは、「物」であふれた大地のことだ。おのれが生まれたこの世界、それこそが自然の法則にしたがう物にとっての故郷だ。

生から死へとうつりゆくことは、自然の法則にしたがった窮まることのない変化にすぎない。生きているときに死んだあとのことはわからない。死んでしまえば生きていたときのことはわからない。窮まりない変化からみれば、生も死もなにほどのちがいがあろうか。生はかりそめの旅の宿りにすぎない。死こそが故郷かもしれない。

生と死とを区別して、生きることをよろこび、死ぬことをにくんでみたところで、生きているときの禍福吉凶はめまぐるしく変化する。そこに一喜一憂の心をさしはさんだところで、しょせん徒事《とじ》におわる。麗姫《りき》の話はこのことわりの好個のケースだ。

長梧子はいう。死んでしまったものが生きていたときに生きているのをよろこんだりしたことを悔いたのかどうか、そんなのは知ったことではない、と。

生から死への推移という譬《たと》えにつづけて、長梧子は夢と目覚めとの交代という譬えをもちだす。

長梧子は「自然の法則にしたがっていることがわかっている状態」を目覚めとし、「自然の法則にしたがっていることがわかっていない状態」を夢とする。ただし留意すべきことがある。長梧子はふたつの状態のちがいを論じているわけじゃない。

万物はことごとく自然の法則にしたがっている。自然の法則にしたがっていない物などひとつもない。ところが長梧子《ちょうごし》は、かつて瞿鵲子《くじゃくし》と孔子とが語ったことは夢だし、いま瞿鵲子が自分と語っていることも夢だときめつける。

一切は夢だ、と長梧子は断定してなどいない。これもまた夢かもしれないのだよ、と反省をうながしている。夢であるか目覚めているか、どちらとも断定できないのだよ、と。

いま自分は自然の法則にしたがっている、と物みずから断定することは、いかんせん無理だ。自然の法則にしたがっていることは事実だとしても、どんなふうに自然の法則にしたがっているのかは言明できない。それなのにどうして自然の法則にしたがっているなどと胸を張っていえたりするだろうか。

自然の法則にしたがっていることがわかっているならば、それは「大覚」といえる。大覚してはじめて人生は夢だといえる。いまだ大覚していない以上、人生は夢だとはいえない。生きることをよろこぶのが惑《まど》いかどうか、死ぬことをにくむのも故郷を喪失したのかどうか、どちらも断定できないように。

「いま・ここ」が夢をみているのか目覚めているのかは断定できない。それと同じように、自然の法則にしたがっているのかどうかも断定できない。ところが世間のひとびとは、自分は目覚めているという妄信のもとに天下国家を得得《とくとく》として論じている。それこそ夢をみているようなものだ。

長梧子は苦笑する。世間のひとびとからは荒唐無稽《こうとうむけい》なタワゴトだとみなされるだろう、と。なぜタワゴトとみなされてしまうのかというと、いまだ大覚していないからには、道理をわきまえている大聖人と、もうであっているのか、まだであっていないのか、そのどちらとも断定できないからだ。

かりにわたしとおまえとが論争するとしよう。

おまえがわたしに勝ち、わたしがおまえに負ける。おまえは正しく、わたしは正しくない、ということになるのだろうか。

わたしがおまえに勝ち、おまえがわたしに負ける。わたしは正しく、おまえは正しくない、ということになるのだろうか。

すなわち（勝った）片方は正しく（負けた）片方は正しくない、ということになるのだろうか。

あるいは（勝とうが負けようが）双方とも正しく（勝とうが負けようが）双方とも正しくない、ということになるのだろうか。

（論争の当事者である）わたしもおまえもどちらも（正しく）判定できない。まして第三者であれば（その正しく判定できないこととき[illegible]）暗闇のなかにいるようなものだろう。わたしはいったいだれに判定してもらえばよいのだろうか。

おまえと同じ意見のものに判定してもらう。すでにおまえと同じ意見なのだ。どうして正しく判定できよう。

わたしと同じ意見のものに判定してもらう。すでにわたしと同じ意見なのだ。どうして正しく判定できよう。

わたしやおまえと異なる意見のものに判定してもらう。すでにわたしやおまえと異なる意見なのだ。どうして正しく判定できよう。

わたしやおまえと同じ意見のものに判定してもらう。すでにわたしやおまえと同じ意見なのだ。どうして正しく判定できよう。

そうであるならば、わたしもおまえも第三者も、だれもみな（正しく）判定できないことになる。

（わたし・おまえ・第三者のだれも正しく判定できない）にもかかわらず、どうして（わたし・おまえ・第三者のほかの）何者かに依存することができよう。変化してやまない音のやりとりでしかない論争のありようは、相手との関係にたがいに依存しあっているかのようだが、けっきょくのところ相手との関係にたがいに依存しあっていないのといっしょだ。

自然の法則のあまねき差配につかさどられ、自然の法則のはてしなき変化を拠りどころとする。そうであることが窮まりなき存在でありつづけられる理由なのだ」

（瞿鵲子《くじゃくし》がたずねる）「自然の法則のあまねき差配につかさどられるとは、どういうありかたをいうのでしょうか」

（長梧子《ちょうごし》がいう）「是は是でない。然は然でない。

是がかりに是ならば、是でないことと異なるかどうか、その判断はつかない。

然がかりに然ならば、然でないことと異なるかどうか、その判断はつかない。

（生死をもたらす）歳月を忘れ（是非をもたらす）道義を忘れて、まったく分けへだてのない境地にあって自在にふるまう。それゆえに（生死や是非といった）判断を（自然の法則にしたがった）分けへだてのないありかたにゆだねるのだ」

既使」我与」若弁」矣。

若勝」我、我不」若勝」。若果是也、我果非也邪。

我勝」若、若不」吾勝」。我果是也、而果非也邪。

其或是也、其或非也邪。

其倶是也、其倶非也邪。

我与㆑若不㆑能㆓相知㆒也。則人固受㆓其黮闇㆒。吾誰使㆑正㆑之。
使㆘同㆓乎若㆒者正㆖㆑之。既与㆑若同矣。悪能正㆑之。
使㆘同㆓乎我㆒者正㆖㆑之。既同㆓乎我㆒矣。悪能正㆑之。
使㆘異㆓乎我与㆒㆑若者正㆖㆑之。既異㆓乎我与㆒㆑若矣。悪能正㆑之。
使㆘同㆓乎我与㆒㆑若者正㆖㆑之。既同㆓乎我与㆒㆑若矣。悪能正㆑之。
然則我与㆑若与㆑人倶不㆑能㆓相知㆒也。
而待㆑彼也邪。化声之相待、若㆔其不㆓相待㆒。
和㆑之以㆓天倪㆒、因㆑之以㆓曼衍㆒。所㆓-以窮㆑年也。
何謂㆔和㆑之以㆓天倪㆒。
曰、是不㆑是。然不㆑然。
是若果是也、則是之異㆓乎不是㆒也、亦无㆑弁。
然若果然也、則然之異㆓乎不然㆒也、亦无㆑弁。
忘㆑年忘㆑義、振㆓於无竟㆒。故寓㆓諸无竟㆒。

既に我と若《なんじ》とをして弁ぜしむ。
若、我に勝ち、我、若に勝たず。若、果たして是にして、我、果たして非なるか。

我、若に勝ち、若、吾に勝たず。我、果たして是にして、而、果たして非なるか。

其れ或いは是にして、其れ或いは非なるか。

其れ倶《とも》に是にして、其れ倶に非なるか。

我と若と相知る能《あた》わざるなり。則ち人固《もと》より其の黮闇《たんあん》を受けん。吾、誰にか之を正さしめん。

若に同じき者をして之を正さしむ。既に若と同じなり。悪《いず》くんぞ能《よ》く之を正さん。

我に同じき者をして之を正さしむ。既に我と同じなり。悪くんぞ能く之を正さん。

我と若とに異なる者をして之を正さしむ。既に我と若とに異なるなり。悪くんぞ能く之を正さん。

我と若とに同じき者をして之を正さしむ。既に我と若とに同じなり。悪くんぞ能く之を正さん。

然らば則ち我と若と人と倶に相知る能わざるなり。

而《しか》るに彼を待たんや。化の声の相待つ、其の相待たざるが若し。

之を和するに天倪《てんげい》を以てし、之に因《よ》らしむるに曼衍《まんえん》を以てす。年を窮むる所以《ゆえん》なり。

何をか之を和するに天倪を以てすと謂う。

曰く、是は是ならず。然《ぜん》は然ならず。

是、若《も》し果たして是ならば、則ち是の不是に異なるや、亦《ま》た弁无《な》し。

然、若し果たして然ならば、則ち然の不然に異なるや、亦た弁无し。

年を忘れ義を忘れ、无竟《むきょう》に振るう。故に諸《これ》を无竟に寓《ぐう》す。

長梧子《ちょうごし》はまず「既に我と若《なんじ》とをして弁ぜしむ」と条件を設定する。「わたし・おまえ」という二者間の関係を考えてみよう、と。その条件のもとに四つに場合分けして論じている。

1　おまえが勝ち、わたしが負けなら、おまえが是で、わたしが非なのか。

2　わたしが勝ち、おまえが負けなら、わたしが是で、おまえが非なのか。

3　わたしかおまえかのどちらか片方が是、もしくはわたしかおまえかのどちらか片方が非、ということはありうるのか。

4　わたしとおまえとの双方ともに是、もしくはわたしとおまえとの双方ともに非、ということはありうるのか。

長梧子は「勝ち・負け」がきまる場合を考えている。勝ちか負けかわからない曖昧な場合は考えていない。だから「わたし」と「おまえ」との立場は異なっているはずだ。「わたし・おまえ」の二者間の関係にかんして、わたしが負け・おまえが勝ち（1）、わたしが勝ち・おまえが負け（2）、この二通りの関係が考えられる。わたしが勝ち、わたしが負け・おまえが負け、この二通りの関係は考えられない。

さらに1・2によれば、勝ちは是で、負けは非だ、と規定している。1の場合、わたしが非で、おまえが是だ。2の場合、わたしが是で、おまえが非だ。要するに、片方が是ならば片方は非（3）だ。1・2の関係がなりたてば、当然3の関係もなりたつ。

双方ともに是、双方ともに非（4）という関係は、双方ともに勝ち、双方ともに負けということだから、「わたし・おまえ」の二者間の関係において「勝ち・負け」がきまる場合を考えるという当初の設定に抵触《ていしょく》する。

わたしとおまえという立場の異なりがハッキリしなければ、群盲象《ぞう》を撫《な》でるようなことになってしまう。もっとも、双方ともに是、双方ともに非、という場合はありうる。しかしそれは「わたし・おまえ」をはなれた全体的な観点にたった場合だ。はたしてそんな全体的な観点にたてたりするだろうか。

こういった致命的な疑問に見舞われないように、長梧子は「わたし・おまえ」の二者間の関係を考えてみよう、とあらかじめ条件を設定している。

ここにおいて長梧子は「我と若と相知る能《あた》わざるなり」と結論する。わたしもおまえも知ることはできない、と。

「わたし・おまえ」の二者では「勝ち・負け」「是・非」をきめられない。そこで第三者に頼ることにする。ところが長梧子《ちょうごし》は「人固《もと》より其の黮闇《たんあん》を受けん」とあやぶむ。「人」すなわち「わたし・おまえ」のほかの第三者であっても「黮闇」すなわち真っ暗闇でわかるまい、と。

長梧子はついに「吾、誰にか之を正さしめん」と途方に暮れる。じゃあだれに「正」しく判断してもらえばよいのか、と。

途方に暮れながらも、性懲りもなく、第三者について四つに場合分けして論じている。

5　おまえと同じものに正してもらう。おまえと同じものは「おまえ」だから正しく判断できない。

6　わたしと同じものに正してもらう。わたしと同じものは「わたし」だから正しく判断できない。

7　わたし・おまえと異なるものに正してもらう。わたし・おまえと異なるもの？　そんなものは正しく判断できない。

8　わたし・おまえに同じものに正してもらう。わたし・おまえと同じもの？　そんなものは正しく判断できない。

第三者がおまえと同じ場合（5）、第三者がわたしと同じ場合（6）、これらがダメなことは明らかだ。わたしもおまえも知ることができないからこそ第三者に頼ろうとするのだから。第三者がわたし・おまえと異なる場合（7）、その第三者はどういう立場なのか。わたしが是・おまえが非のとき、第三者は是なのか、それとも非なのか。PはPでも非Pでもないものではないという排中律をふまえるならば、Pでも非Pでもない第三者はありえない。第三者がわたし・おまえと同じ場合（8）、そもそもわたしとおまえとが同じ（4）ということはありえないから、この第三者もまたありえない。

5・6・7・8いずれの場合も、その条件をみたしながら正しく判断できる第三者はありえない。わたしもおまえも第三者も知ることはできない、と長梧子はついにギブアップする。

長梧子の考察によれば、わたしとおまえとの論争によって是非を知ることはできないし、第三者の判断によって知ることもできない。ひとの判断によっては知ることができないというお手上げ状態にたちいたり、長梧子は「而《しか》るに彼を待たんや。化の声の相待つ、其の相待たざるが若《ごと》し」と匙を投げる。

わたし・おまえ・第三者のほかの「彼」をアテにすることはできない。変化してやまない音のやりとり（化の声）でしかない論争は、相手との関係にたがいに依存しようが依存すまいが、しょせん似たり寄ったりだ。

「化の声」について郭象《かくしょう》は「是非の弁を化の声と為す」と注している。是と非とを区別しても、それは変化してやまない音声のやりとりにすぎない。是非を判断するさい、なにかに依存して判断しようとしても正しく判断できっこないのだから、けっきょく依存していないのといっしょだ。


長梧子《ちょうごし》は「之を和するに天倪《てんげい》を以てし、之に因《よ》らしむるに曼衍《まんえん》を以てす」という答えにたどりつく。だれも正しく判定できないのだから、自然の法則のあまねき差配（天倪）につかさどられ、自然の法則のはてしなき変化（曼衍）を拠りどころとするよりほかない、と。

郭象は、天倪に「自然の分なり」と注し、曼衍に「無極の化」と注している。天倪とは自然の法則にしたがって物が存在することで、曼衍とは窮まりなく変化するという物の存在のありかただ。

自然の法則のあまねき差配に身をゆだねればよい、と長梧子は物のあるがままへと丸投げする。では、その自然の法則のあまねき差配とはなにか、と瞿鵲子《くじゃくし》はかさねてたずねる。

長梧子は「是は是ならず。然は然ならず」という。自然の法則のあまねき差配に身をゆだねるなら、そもそも「是・不是」「然《ぜん》・不然」といった区別はなくなる、と。

是と判定しても、その是は是でないことと異なるのかどうか判定できない。然と判定しても、その然は然でないことと異なるのかどうか判定できない。だったらもう「是・不是」「然・不然」といった区別をなくし、判定を天倪にゆだね、曼衍にまかせて、分けへだてのない境地に遊ぶほうがよい、と長梧子はうながす。

なんにも判定しない、と長梧子は破れかぶれになっているわけじゃない。天倪にゆだね、曼衍にまかせる、といった自然の法則にしたがった分けへだてのないありかた（无竟《むきょう》）に身をゆだねるべきことを示唆している。

事実の認識にかんして意見が異なる場合、たがいに誤りをみとめなかったら論争に決着はつかない。そもそも論争がなりたたない。

「わたし・おまえ」の二者間で論争するとき、はたして勝ち負けはきまるのか、という設定自体に無理がある。当事者どうしで勝ち負けをきめようとすると、声の大きいほうが勝ち、根負けしなかったほうが勝ち、といった水掛け論になってしまう。

そこで長梧子は第三者を登場させる。ただし論争における勝ち負けの判定には客観性がもとめられる。第三者が「わたし・おまえ」と同調するか否かという二者択一の立場しかとれないようでは、しょせん客観性の導入に失敗するのはあたりまえだ。

ここでの議論に欠けているのは、数という観点だ。どれだけたくさんのひとが、どういった意見分布をしているかということだ。

事実の論理的な正しさについては、大多数のひとの意見が一致する。ただし事実の認識にかんしては、さまざまな場合がありうる。

太陽は東からのぼる。この事実については全員の意見が一致するだろう。たとえ東からのぼる原因・理由については意見の相違があるとしても。しかし太陽が地球のまわりをまわっているのか、その逆なのかについてはどうだろう。いにしえの大多数のひとの意見は一致していた。が、それはまちがっていた。現在では大多数のひとが同じ意見で、しかもそれはほかのさまざまの事実と整合的だ。

論争の勝ち負けの判定は、どれだけたくさんのひとの意見が一致するかできめられる。あるいはどれだけ多くの事実と整合的であるかによってきめられる。ひとまず決着はするけれども、それが絶対に正しいとは断言できない。

第三者をくわえても判定できないので、長梧子《ちょうごし》はすべてを「天倪《てんげい》」にゆだねる。ここで問題なのは、天倪にゆだねることが、ただちに人間は判断すべきではないというスタンスに飛躍してしまってよいのかということだ。

「天」倪を、人知を超えた何者かとしてとらえたりすると、いきおい判断停止へと飛躍してしまう。「天・道」を自然の法則とみなしているぼくとしては、そんなふうには考えたくない。

農耕に従事するひとは、自然界のうごきをいろんな状況から察し、いつ種をまくべきかをきめる。つまり「天」候を読んで仕事をする。その読みかたは、多くのひとの経験と知恵との積みかさねによって、つねにアップデートされてきた。そういった天や地とともに生きてきた生活者の視点こそが大切だ。

生活者の経験と知恵との積みかさねのうえに科学が生まれてくる。客観性、全体的な見方、こういったものを欠くと、ひとは判断停止にたちいたる、と長梧子はうったえている。

影の外縁が影にたずねる。

「さっきまで動いていたとおもったら、いまは止まっている。さっきまで坐っていたとおもったら、いまは立っている。なんでまたそう節操がないんだ」

影がいう。

「(おまえという影の外縁がわたしという影に依存して存在しているように) わたしはなにか (形

のある物）に依存してこのように（物の影として）存在しているのだろうか。わたしが依存している物もまたなにかに依存してこのように存在しているのだろうか。わたしは（這《は》うときに依存する）ヘビの鱗《うろこ》や（飛ぶときに依存する）セミの羽のような、なにか（形のある物）に依存してこのように存在しているのだろうか。このように存在している理由を知ることはできるのだろうか。このように存在していない理由を知ることはできるのだろうか」

罔両問レ景曰、曩子行、今子止。曩子坐、今子起。何其無二特操一与。
景曰、吾有レ待而然者邪。吾所レ待又有レ待而然者邪。吾待二蛇蚹蜩翼一邪。悪識レ所二-以然一。悪識レ所二-以不一レ然。

罔両《もうりょう》、景《かげ》に問うて曰く、曩《さき》には子《し》行き、今は子止まる。曩には子坐し、今は子起《た》つ。何ぞ其れ特操《とくそう》無きや。
景曰く、吾は待つ有りて而《しか》して然《しか》る者か。吾が待つ所は又待つ有りて而して然る者か。吾は蛇の蚹《ふ》、蜩《ちょう》の翼《よく》を待たんや。悪《いず》くんぞ然る所以《ゆえん》を識《し》らん。悪くんぞ然らざる所以を識らん。

影の外縁はたずねる。「吾」はなにか別の物を「待つ」ことによって「然る」のか、その

「吾が待つ所」もまたなにか別の物を「待つ」ことによって「然る」のか、と。

物はなにか別の物に依存して存在し、その依存するさきの物もまたなにか別の物に依存して存在するとすれば、その依存関係はどこまでも無限後退する。うっかりこの無限後退をみとめてしまうと、物の「然る所以」「然らざる所以」はついに「識る」ことができないという不可知論におちいることになる。

「吾は待つ有りて而して然る者か。吾が待つ所は又待つ有りて而して然る者か」と「悪くんぞ然る所以を識らん。悪くんぞ然らざる所以を識らん」とのあいだに、影は「吾は蛇の蚹、蜩の翼を待たんや」という意味深長な一文をはさみこんでいる。

この一文を、ヘビが鱗に依存し、セミが羽に依存するように、影もまたなにか別の物に依存しているというふうに読むと、そういった依存関係にはキリがないという無限後退へとミスリードされる。

影はじつは依存関係そのものを問題にしてはいない。また現に然るべく存在するからといって、ことさら「然る所以」「然らざる所以」を知らなければならないと考えているわけでもない。影が問題にしているのは、万物はおのずから然るべく存在しているにもかかわらず、みずからの存在の仕方をことさら依存関係においてあげつらうことだ。

ヘビは鱗《うろこ》に依存する、セミは羽に依存する、といったふうに存在の仕方をあげつらうことには無理がある。

ひとは足に依存しているのだろうか？　たしかに依存している。足がなければ歩けない。いわずもがなのことだ。この伝でゆくと、ひとは手にも依存しているし、頭にも依存している。これって問題にすべき存在の仕方だろうか。

影はみずからが物との依存関係において存在していることを問題にしているわけではない。「吾」や「吾が待つ所」がなにかと依存関係にあるという存在の仕方をあげつらい、さらに「然《しか》る所以《ゆえん》」「然らざる所以」を知ろうとすること、そのことに難色をしめしているだけだ。

影がなにか形ある物に依存しているのは自明のことだ。影自身がそうおもっていないということは考えにくい。なにかに依存するという存在の仕方をしていると無限後退におちいってしまうなどと気に病むことはない。

影の外縁は「曩《さき》には子《し》行き、今は子止まる。曩には子坐し、今は子起《た》つ。何ぞ其れ特操《とくそう》無きや」となじる。「行・止」「坐・起」「曩・今」はたがいに「待つ」関係にある。そういった相互依存のありかたをとがめる。

影はこの世界が然るべく存在している事実を受けいれている。物が他の物との依存関係においてあることは、はたして非難されるべきことだろうか？　否。他の物との相互依存において存在していることは、自然の法則にしたがって然るべく存在しているのであって、べつに非難されるべきことではない。

影の外縁が影に依存していることは明らかだ。影もまた形ある物に依存していることは明らかだ。自分がなにかの影であるという仔細《しさい》を、影は自覚すべきだろうか？　否。万物はなにかに依存して存在しているとしても、その依存しているという仔細を自覚することなど不可能だ。

物はどうやって影をつくるのか。物はみずからのみで影をつくることはできない。光があたることによって影ができる。影をつくることにかんして物は光に依存している。しかし物はみずからの存在にかんしては光に依存していない。暗闇のなかでも物は存在している。

物がその存在にかんしてなにかに依存しているか否かという仔細は、はたして物に、この場合はとくに人間に、知られるべきことだろうか。

ひとりぼっちでは生きてゆけないことを、ひとは知っている。他人やさまざまな環境のおかげで生きていられることを知っている。それを知っていることと、自分がなにかに依存しながら存在していると自覚することとは、ことがらのレベルがちがう。

後者はひどく形而上学的な問いだ。人間はふだんそんな問いがあることすら知りはしない。

机のうえに本がある、というふうに場所と時制とにおいて特定の事物について語ることがある。三角形の内角の和は二直角だ、というふうに時空を超えた特定の事物について語ることもある。しかし世界があるという端的《たんてき》な「ある」について、なにか意味をもったかたちで語ることはない。

もし世界があると端的に語ることができるならば、その場所はどこで、その時間はいつだろう？　ひとは言語をもちいて、この世界があること自体について、端的に語ることはできない。

影は「悪《いず》くんぞ然《しか》る所以《ゆえん》を識《し》らん。悪くんぞ然らざる所以を識らん」と影の外縁をたしなめる。万物の「然る・然らざる」所以をあげつらい、いたずらに形而上学的な問いをもてあそんではいけないよ、と。

存在する物は、その存在にかんしては、おのずから然るべく存在している。そして存在する物は、その存在する仕方において相互に依存している。その相互依存の関係こそが自然の法則のはたらきにほかならない。

物化《ぶっか》の章

楽しい夢をみているとき、楽しんでいるのが夢だということを自覚してはいない。自覚するのは目覚めてからだ。夢と現実とをかるがるしく同等にあつかってはならない。

夢をみているとき、夢をみているとは意識しない。もし意識するならば、夢をみていると意識しているという夢をみている。夢だとわかるためには目覚めていなければならない。目覚めていない夢は夢じゃない。

夢のなかでの変化を知るのは、夢より目覚めてから、つまり現実になってからだ。ただし、この消息を一般化することはできない。

夢から現実へ、というふうに存在の仕方は自然に変化する。その変化こそが真実だ。そしてその変化においては、どういうわけか現実のほうが夢よりも存在論的に優位にある。そのくせ夢と現実とを区別する絶対的な根拠はみつからない。なぜみつからないのだろう？

あるとき荘周《そうしゅう》は、夢のなかでチョウチョになっていた。すっかりチョウチョになりきって、ひらひら飛びまわっている。その愉快なことといったら、心にピタリとかなってご満悦の体《てい》だ。おのれが荘周《そうしゅう》だということすら忘れはてていた。

　ふと目覚め、キョロキョロあたりをみまわしてみれば、まぎれもなく荘周ではないか。いったい荘周の夢のなかで（荘周が）チョウチョになったのか、それともチョウチョの夢のなかで（チョウチョが）荘周になったのか、どっちなのかわからない。

　荘周とチョウチョとにはかならず区別がある。これこそが物の変化にほかならない。


昔者荘周夢為㆓胡蝶㆒。栩栩然胡蝶也。自喩適㆑志与。不㆑知㆑周也。俄然覚則蘧蘧然周也。不㆑知㆘周之夢為㆓胡蝶㆒与、胡蝶之夢為㆑周与㆖。周与㆓胡蝶㆒則必有㆑分矣。此之謂㆓物化㆒。


昔者《むかし》、荘周、夢に胡蝶《こちょう》と為る。栩栩然《くくぜん》として胡蝶なり。自ら喩《たの》しみて志に適《かな》えるかな。周なるを知らざるなり。

俄然《がぜん》として覚《さ》むれば則ち蘧蘧然《きょきょぜん》として周なり。周の夢に胡蝶と為るか、胡蝶の夢に周と為るかを知らず。

周と胡蝶とには則ち必ず分有り。此れを之れ物化《ぶっか》と謂う。

荘周が夢でチョウチョになる。チョウチョが夢で荘周になる。ふたつのフェーズを想定すれば、現実と夢との区別はなくなってしまうのではないか、と荘子はいう。現実と夢との垣根をとっぱらい、現実とも夢ともつかない現実と夢とが混交してひとつになった世界をイメージしているのだろうか。

現実と夢とをいっしょくたにし、パンタ・レイ(万物は流転する)とうそぶいて、物の変化をあるがままに受けいれたりすると、ややもすれば不可知論にみちびかれてしまう。現実と夢との区別が「ある」とも「ない」ともいえないような、なにかしら「ある」「ない」を超えた世界を、荘子はイメージしているのだろうか。

現実と夢との区別は「ある」とも「ない」ともいえないなどと荘子は考えていない。そもそも区別は「ある」か「ない」かのどちらかでしかありえない。「ある」とも「ない」ともいえないということはありえない。

この寓話のなかには2匹のチョウチョが飛んでいる。

1匹目は「荘周、夢に胡蝶と為る」というチョウチョ。このチョウチョは「周なるを知らざるなり」と、目覚めるまでチョウチョになりきっていて、自分が荘周の夢だとは夢にもおもっていない。

2匹目は荘周《そうしゅう》として目覚めたチョウチョ。もし「俄然《がぜん》として覚《さ》むれば則ち蘧蘧然《きょきょぜん》として周なり」とおもっているとすれば、このチョウチョは夢のなかで荘周がチョウチョになったことを知っている。

いったい2匹目のチョウチョなんているの？

目覚めた荘周は、2匹目のチョウチョの夢かもしれない。でも、それをいったらイヌの夢かもしれないし、ネコの夢かもしれない。あるいは別の荘周の夢かもしれない。要するに、荘周はどこかにいる何者かの夢かもしれない。

そんな何者かを考えることに、はたして意味はあるの？

考えるのは勝手だけれども、およそ意味のあることではない。考えるからには考えるだけの理由がなければならない。

荘周が夢でチョウチョになるのか、チョウチョが夢で荘周になるのか、なるほど区別はつきにくい。それゆえ頭でっかちなひとは、いろいろ考えてしまう。

ぼくは現実と夢とを区別している。ところが、これは現実だ、これは夢じゃない、といえる確乎たる目印があるのかと問われれば、うまく答えられない。これは現実だと断言したいけれども、このことはけっして自明ではないような気もする。

下手《へた》の考え休むに似たり、とはいわない。ただ、百聞は一見に如《し》かず、とはいっておきたい。

物を知覚することは、言葉をきくことよりも、はるかにリアリティーをもつ。知覚のもたらす現実の豊かさに、言葉は遠くおよばない。

知覚のもたらす実感は、これは夢ではなく現実だということを前提としている。みずからの存在の基盤がこの現実の知覚世界にあることをわきまえながら、ひとは生きている。

このことは「生」をささえる岩盤だ。これ以上は掘りさげられない岩盤だ。さらに掘りさげようにも、その掘りさげる力を、ひとはこの身体から得《え》ている。そしてひとの身体は、この現実の知覚世界から力を得ている。

夢と現実との区別なんて本気で考えなくてもよいとはいわない。けれども、あまり考えすぎるのは考えものだ。ややもすれば自閉的になりかねない。

自分が考えるたびに自分をあざむいている悪霊がいるとしたらどうなるんだろう？　とデカルトは考えた。自分はいま目のまえのリンゴをみている。もし悪霊が自分の心にリンゴの像を送りこんでいるとしたら？　でも、この考えている自分がいるということだけは真実のようだ。

デカルトは「近代的な自我」を確立した。が、はらった代償も大きかった。夢と現実との区別はみとめるが、いまここが現実であることは確証できない、ということになってしまった。

デカルトのおかした過《あやま》ちは、心のなかに知覚像をもつという体験として知覚をとらえたことだ。知覚とは、心のなかに像をもつことではない。現実の「物」と対峙《たいじ》することだ。知覚とは、心のなかの出来事ではない。現実の世界とダイレクトにふれあうことだ。知覚するとは、外の世界にたいしてオープンであることだ。

荘子《そうし》はあくまでも現実の世界にあって寓話をつむいでいる。その証拠に「周の夢に胡蝶《こちょう》と為るか、胡蝶の夢に周と為るかを知らず」といっているにもかかわらず、ただ「周の夢に胡蝶と為る」ことばかりを語って、「胡蝶の夢に周と為る」ことのほうは語っていない。なぜ語らないのだろう?

チョウチョが荘周《そうしゅう》になった夢をみる。荘周になって得意げにひとびとに道理を説いている。その充実感たるや圧倒的だ。ところが、ふと気づいてみれば、おどろいたことに自分はチョウチョではないか。

みぎのチョウチョがみずからの経験をのべるという想定は、あまりにも荒唐《こうとう》無稽《むけい》で、かえって知的な興味が削《そ》がれる。

人間に関心のあるチョウチョがいるだろうか？　荘周という人物を知っているチョウチョがいるだろうか。かりにチョウチョが人間になった夢をみたとしても、自分を荘周だとおもったりするだろうか。

「周の夢に胡蝶と為る」ことと「胡蝶の夢に周と為る」こととは、同じ資格でなりたっていることが前提とされている。しかし、ふたつの夢はけっして同等ではない。「周の夢に胡蝶と為る」ことは、かなり異常だけれども、そういう夢もありうるだろう。ところが「胡蝶の夢に周と為る」といった、そんな夢はおよそありえない。

ふたつの夢をひとまず同等だとみせかける。これが荘子の仕掛けたトラップだ。


もしふたつの夢が同等ならば、現実と夢との区別はなくなる。ところが荘子は「周と胡蝶とには則ち必ず分有り」と断じている。その根拠は？　どうして区別があるといえるの？その区別をどのようにして知ることができるの？

荘子はいう。「此れを之れ物化《ぶっか》と謂う」と。物の変化を考えてみよ、と。物の変化、そこに手がかりがある、と。

「此れを之れ物化と謂う」の「此れを之れ」は、直前の「周と胡蝶とには則ち必ず分有り」

という断言を受けている。現実と夢とには区別があるということ、そのことは物の変化にあらわれている。

現実と夢とはどうちがうのだろう?

夢のなかでは物の変化を知ることができない。現実の世界における変化は、現実のなかでのみ知ることができる。

現実と夢とには区別があるといっても、それは具体的にどのような区別で、どのように知ることができるのだろう?

荘子はいう。物の変化をみればわかる、と。

現実と夢との区別がわかるような物の変化とは、どのような変化なのだろう?

荘子はいう。現実の世界には物の変化があるが、夢の世界には物の変化がない、と。

なるほど物が変化している夢をみることはあるだろう。いかなる夢であろうとも現実の世界のありさまを模倣したものだから。でもその物の変化はしょせんイミテーションだ。では、本物(現実)と偽物(夢)とを区別する目安はなんだろう?

たとえば知覚することがそうだ。

物の変化するさまがわかるのは、物を知覚するからだ。そして現実の世界のなかにおいてのみ、ぼくは対象となる物を知覚することができる。

対象となる物を知覚しているうちに、いろんなことがわかってくる。そのなかには、はじめて知ったというような発見もあるだろう。そういった知覚を夢のなかでおこなうことはない。夢のなかでは、知覚している夢をみることがあっても、ほんとうの知覚はおこなわれていない。知覚の記憶が再現されているだけだ。あるいは知覚していることを想像しているだけだ。夢のなかにおける物の変化は、どんなに真に迫っていようとも、如実に知覚するのとはちがう。

目覚めたあと「夢をみた」と意識する。「みた」と過去形であらわされる意識は、あくまでも現在の実感にささえられている。現在において「みた」と意識することが、過去の時点において「みている」ことを保証するわけではない。

現在において「みた」と過去形であらわされることは、時間的なそれ以前において「みている」と現在形であらわされることだった。このことは現在のほうが過去よりもベーシックだという事実にもとづいている。

たとえば疑問をいだくことがそうだ。

荘子《そうし》は「周の夢に胡蝶《こちょう》と為るか、胡蝶の夢に周と為るかを知らず」といったあと、すぐさま「周と胡蝶とには則ち必ず分有り」とつづける。「知らず」といった舌の根のかわかないうちに「必ず分有り」という。この議論のはこびに、荘子ならではの立論の妙がある。

現実のなかでのみ、これは夢ではないだろうかとか、夢と現実との区別はあるのだろうかといった疑問をいだける。夢のなかでは夢にひたりきっていて、そのような疑問をいだくことはない。

現実のなかでだけ疑問をいだけるならば、疑問をいだいている「いま・ここ」こそが現実だということになる。それかあらぬか、夢と現実との区別から物の変化へと、荘子は一気に議論をすすめている。

夢と現実との区別があやふやになっている読者にしてみれば、どうして夢と現実との区別から物の変化へと話が一気にすすんでしまうのか、まったく腑に落ちないだろう。

たとえば法則性をもつことがそうだ。

物の変化をして物の変化たらしめる所以《ゆえん》はなにか。詮《せん》ずるところ物の変化とは、そこに法則性をみいだせるような出来事のことだ。

ぼくは毎朝、眠りから目覚める。ぼくは昨日から地つづきの世界において目覚める。まったく別の世界に目覚めることはない。

現実の世界には連続性がある。夢の世界にそのような連続性はない。もちろん現実はたえまなく変わりつづけている。とはいえ起きるたびに馴染《なじ》みの現実がつづいている。夢はどうかというと、楽しかった夢のつづきをみることはむずかしい。ぼくが経験する夢の世界は、毎晩ちがう世界だ。夢の世界には連続性がない。

現実の自分とつながった自分があらわれることはある。ただし夢のなかで、ぼくは少年だったり学生だったりする。夢のなかでは時間の順序もまったく無秩序だ。現実の世界においてのみ変化がある。そして物の変化には法則性がある。現実の世界においてのみ自然の法則というものは考えられる。

現実にはひとつながりの連続性がある。連続性があるとは、変わらないものと変わるものとがあるということだ。物の変化をみるとき、変化しない背景があってこそ、物の変化がみえる。

川がながれている。川岸はうごいていない。うごかない川岸があってこそ、川のながれているのがわかる。その川岸も、長い目でみればもちろん変化している。むかし土手だったものがいまはコンクリートの堤防になっている。しかし現に川のながれをみているとき、川岸はうごいていない。

万物は変化している。しかし同じように変化するわけではない。あるものはさっさと変化する。あるものはゆっくり変化する。

自然の法則にしたがった物の変化があるということは、変化している物の背景にある物はほとんど変化しないかのように連続性をもってありつづけているということだ。

「周の夢に胡蝶《こちょう》と為るか、胡蝶の夢に周と為るかを知らず」と荘子《そうし》はいう。ただし忘れてはならない。荘周《そうしゅう》がチョウチョになるのは、あくまでも夢のなかでだ。現実にある物が夢のなかの物に変化するわけじゃない。

物と物とは自然の法則にしたがって関係しあう。そのさい自然の法則はもっぱら現実の世界における物どうしの関係のみをつかさどっている。現実の物と夢のなかの物とがふたつながらしたがうような自然の法則などない。

自然の法則にしたがって関係している万物とは、あくまで現実における万物だ。この万物のなかに夢のなかの物はふくまれていない。

物の変化をみるとは、物と物とが区別されたうえで、物が不断に変化してやまないというビジョンをえがくことだ。ただしこのビジョンには自然の法則にしたがっているという観点が欠けている。

荘子が注目する物の変化とは、すべての物が同じく自然の法則にしたがっているということだ。あらゆる物は、たがいに関係しあいながら、のべつ変化している。自然の法則にしたがっているという点では、みなひとしくそろって同「一」だ。

物の変化、すなわち「物化《ぶっか》」は、かならず自然の法則にしたがっている。自然の法則にしたがっていることは、あらゆる物においてひとしくそろっている（斉物《せいぶつ》）。

物の変化とは、物と物との区別をなくすことではない。物どうしが関係しあって、物のある世界が不断に変化しつづけることだ。

物と物とが融《と》けあって一体となり、物と物との区別がなくなった世界、それが万物「斉《せい》同《どう》」のありかただとすれば、そんなものは物の変化ではない。「周と胡蝶とには則ち必ず分有り」という一句の重みをちゃんと受けとめるべきだ。

「周と胡蝶とには則ち必ず分有り」の箇所に、郭象《かくしょう》は「夫《そ》れ覚夢の分は死生の弁に異なる無きなり。今自ら喩《たの》しみて志に適《かな》える所以《ゆえん》は、其の分定まれるに由り、分無きに由《よ》るに非《あら》ざるなり」と注している。

現実と夢との区別は生と死との区別といっしょだ。それくらいハッキリと区別がある。チョウチョになりきって愉快に飛びまわり、心にピタリとかなってご満悦であるのも、夢と現実とのあいだに区別があればこそだ。

さらに「此れを之れ物化《ぶっか》と謂う」の箇所に、郭象《かくしょう》は「夫《そ》れ時は暫《しばら》くも停《とど》まらず、而《しか》して今は遂《つい》に存せず。故に昨日の夢は今に於《お》いて化せり。死生の変も、豈《あ》に此れに異ならず、而して心を労するは其の間に於いてならんや。方《まさ》に此れ為らば則ち彼を知らず。夢に胡蝶《こちょう》と為るは是《こ》れなり」と注している。

時のながれは、かたときもストップすることがない。おとなしく凝りかたまった現在なんてものは存在しない。昨日みた夢は現在ではもう変化している。生から死への変化もいっしょだ。まさにコレであるときアレのことは知らない。

荘周《そうしゅう》は夢のなかでチョウチョになりきって、おのれが荘周だということを忘れている。荘周であることを知らないからこそ、チョウチョになりきれる。アレであることを知らないからこそ、全身でコレになりきれる。

夢をみているとき、ぼくは夢の世界にいる。目覚めているとき、ぼくは目覚めている世界にいる。「方に此れ為らば則ち彼を知らず」だ。コレのときはアレを知らず、世界は丸ごとコレだ。アレのときはコレを知らず、世界は丸ごとアレだ。コレとアレとには区別（分）がある。

現実の世界には、物の変化がある。夢の世界には、物の変化がない。物の変化に注目すれば、それがわかる。考えるな、見よ！

この荘子のアイデアは、後世かならずしもうまく理解されなかったとおぼしい。それは現実と夢とを同じものとみて混交する万物「斉同《せいどう》」の哲学として理解されてしまった。そうなるともう自然の法則をわきまえようという知的な探究心はうしなわれてしまう。

自然界が「夫れ吹くこと万《よろず》にして同じからざる」ことのメカニズムは、いまだ解明され尽くされてはいない。それでもなお物の変化に注目して「其れをして己《おの》れに自らせしむるなり。咸《み》な其れ自ら取る」ことをわきまえるならば、いたずらに「怒《ど》する者」をもとめたりせずにすむだろう、と荘子は夢をいだく。

これは希望的な観測でしかない。けれども後生の探究に期待しようではないか。いずれ自然の法則（道・天）がどのようなものであるかを、つまびらかに語れるときがくるだろう。

終章

『荘子《そうじ》』の斉物論篇《せいぶつろんへん》をひととおり読みおえた。もうお腹いっぱいだけど、お仕舞いにもうひとつだけ寓話をのぞいてみたい。内篇のラストをかざる応帝王篇《おうていおうへん》の掉尾におかれた「渾《こん》沌《とん》」寓話だ。

南の海の帝王を儵《しゅく》といい、北の海の帝王を忽《こつ》といい、中央の帝王を渾沌という。儵と忽とはあるとき渾沌のおさめる地におもむく。渾沌はかれらを丁重にもてなす。儵と忽とは渾沌の手厚いもてなしにむくいようと相談する。

「人間はだれもみな七つの穴をもっている。それで視たり聴いたり食べたり息をしたりしている。ひとり渾沌にだけそれがない。ひとつためしに穴をあけてやろう」

一日にひとつづつ穴をあける。七日目に渾沌は死ぬ。

南海之帝為㆑儵、北海之帝為㆑忽、中央之帝為㆓渾沌㆒。

儵与㆑忽時相与遇㆓於渾沌之地㆒。渾沌待㆑之甚善。儵与㆑忽謀㆑報㆓渾沌之徳㆒。

曰、人皆有二七竅一。以視聴食息。此独無レ有。嘗試鑿レ之。

日鑿二一竅一。七日而渾沌死。


南海の帝を儵と為し、北海の帝を忽と為し、中央の帝を渾沌と為す。

儵と忽と時に相与《とも》に渾沌の地に遇う。渾沌の之を待つこと甚だ善し。儵と忽と渾沌の徳に報いんことを謀る。

曰く、人皆七竅《しちきょう》有り。以て視聴食息す。此れ独り有ること無し。嘗試《こころ》みに之を鑿《うが》たん。

日に一竅を鑿つ。七日にして渾沌死す。


「儵」「忽」は、どちらも束の間にすぎてゆく時空のはかなさを象徴する。人間の作為の有限性をほのめかしている。それにたいして「渾沌」という語は、無限性のシンボルだ。

「此れ独り有ること無し」というところをみると、渾沌にだけ七つの穴があいていなくて、儵と忽とには七つの穴があいていたのだろう。

「人皆七竅有り。以て視聴食息す」ということは、七つの穴があいている儵と忽とは「人」だったにちがいない。儵と忽とは、穴があいていない渾沌の顔に穴をあけて、わざわざ人の座へとひきずりおろしてしまった。

儵《しゅく》と忽《こつ》とは、のっぺらぼうの渾沌《こんとん》の顔に七つの穴をあける。それでもって視たり聴いたり食べたり息をしたりするほうが、きっと正常だとおもったのだろう。でも、この世のなかに正常でない物なんて、いったいどこに存在するというのだろうか。

道ばたに咲いている花にむかって「なぜ咲いているの?」と問うものはいない。道ばたの花を揺らす風にむかって「なぜ飽きもせずに揺らすの?」と問うものはいない。

年年歳歳花相似たり、歳歳年年人同じからず。そういう世界をあるがままに受けいれている。

「渾沌死す」というからには、渾沌は生きものなのだろう。七つの穴があいていない生きものとして、渾沌なりのやりかたで儵と忽とをもてなした。

七つの穴があいていなくたって、渾沌はちゃんと生きていた。そういう生きものだとすれば、七つの穴があいていないことが渾沌にとって自然なありかたということになる。七つの穴があくことは、渾沌にとって自然な生きかたをうしなうことだった。

儵と忽とは、のっぺらぼうの渾沌の顔に「日に一竅を鑿《うが》つ」。一日にひとつづつ穴をあけてゆき、そして「七日にして渾沌死す」。六つまでは大丈夫だったのに、七つの穴をあけられたとたん渾沌は死んでしまう。

七つの穴とは、目2・耳2・鼻2・口1の七つだろう。ひょっとすると七つの穴は、この順であけられたんじゃないだろうか。

目・耳・鼻と穴をあけてきて、最後に口の穴をあける。これが致命傷になった。なんとなれば、口という穴は、息をしたり、飲んだり食べたりもするけれども、なによりも言語を発するところだから。

「視聴食息」という営みの有無は、渾沌にとって死命を制するものではなかった。ところが言語をもちいて「言う」ことができるようになって、渾沌はとどめを刺されてしまった。

この寓話にかんして郭象《かくしょう》は、たった一言「為す者は之を敗る」とだけ注している。作為をほどこすと破壊してしまう、と。

余計なことはしないというスタンスだ。余計なことを口にするのは、それこそ作為にほかならない。せっかくの寓話をぶちこわしてしまう。

余計なことはしないで、すべてを読者にゆだねたほうがよい。ぼくもこの話の寓意について、あれこれ「言う」べきではなかったのかもしれない。

奥書き

恋愛論を百冊読んでも恋愛のなんたるかはわからない。幸福論を千冊読んでも幸福のなんたるかはわからない。わからないところが恋愛論や幸福論のむしろ取柄だ。わかったとおもわせるようなら、いかがわしい洗脳本だ。わからないけど、恋愛がしたい、幸福になりたい、とおもわせてくれるのが恋愛論や幸福論のメリットだ。

ぼくにとって『荘子《そうじ》』の斉物論篇《せいぶつろんぺん》はちょうどそんな感じのテキストだ。いくら読んでも荘子の哲学のなんたるかはわからない。わからないなりに、くりかえし読んでいると、わかりたいという気持がつのってくる。

わかることと同じくらい、わからないことも大事ってことだろう。わからないことは、自分がなにをやるべきかをしめしてくれる。わからなさと時間をかけてつきあうことが、いつかわかるようになるための唯一のやりかただ。

ひとは『荘子』の斉物論篇を、哲学として読むのだろうか。それとも文学として読むのだろうか。『論語』や『史記』だったら、たぶん文学として読むことも可能だろう。でも『荘子』の斉物論篇はちょっと無理じゃないかなあ。

ぼくだけじゃないと睨《にら》んでいるのだが、中国思想の学徒は西洋哲学をおさめたひとにたいして得《え》もいわれぬコンプレックスをいだいている。それは孔子とソクラテスとをくらべてみれば思い半ばに過ぐる。

中国思想の学徒としてのプライドをたもつには、なにはさておき『荘子』の斉物論篇が頼みの綱ということになる。いにしえの中国にだって「斉物」「物化《ぶっか》」の哲学がある、と。

学生時代、理系の友人に「暗記科目」という一言で文系の学問を一蹴するやつがいた。「ああ、暗記科目、オレ、苦手だし」といった調子で、ぼくが専攻する中国思想のことを思考力とは無縁のものとしてバカにしてきた。

あえて反論はしなかった。が、いまにしておもえば、奴さんの言い分はバカ丸出しだ。いかなる分野であれ、学問には、みずから考えられるようになるためのミニマムな知識みたいなものが設定されている。自分のなかに蓄積した知識がある臨界点を超えないと、学問のスタートラインにはたてない。

荘子の哲学について考えるためのミニマムな知識を呈したくて、ぼくはこの本を書いた。

われながら「あやしいな」とおもえる解釈が浮かんでくると、清水明先生（弘前大学名誉教授）にそのつどご教示を乞うた。たいていケチョンケチョンにけなされる。「これならどうでしょう」と懲《こ》りずに伺《うかが》いをたてる。またもやボロクソにやっつけられる。それをくりかえしながら、ぼくは荘子《そうし》の哲学についてゆっくり考えた。

この本はぼくの弘前大学での教員生活における最後の一冊になる。はなはだ身勝手ではあるけれども、きわめて私的な思いをしるすことをおゆるしいただきたい。この本をかけがえのない妻の晶子《しょうこ》にささげる。

前著『哲学として読む老子』につづけてトランスビューから上梓がかなったことは、よろこびに堪《た》えない。

この本が韃靼《だったん》海峡をわたってゆくチョウチョのように、だれかのこころにとどくことを祈りつつ、ここに筆を擱《お》く。

山田史生しるす

津軽にて

山田史生（やまだ・ふみお）

1959年、福井県生まれ。東北大学文学部卒業。東北大学大学院修了。博士（文学）。現在、弘前大学教育学部教授。

著書に『渾沌（カオス）への視座 哲学としての華厳仏教』（春秋社）、『門無き門より入れ 精読「無門関」』（大蔵出版）、『絶望しそうになったら道元を読め！『正法眼蔵』の「現成公案」だけを熟読する』（光文社新書）、『禅問答100撰』（東京堂出版）『龐居士の語録 さあこい！ 禅問答』（東方書店）『物語として読む論語 全訳』『哲学として読む老子』（トランスビュー）など。

荘子の哲学

二〇二五年三月二〇日　初版第一刷発行

著者　山田史生

発行者　工藤秀之

発行所　株式会社トランスビュー
東京都中央区日本橋人形町二-三〇-六
郵便番号　一〇三-〇〇一三
電話〇三（三六六四）七三三四
URL　http://www.transview.co.jp

造本設計　東三田デザイン室

印刷製本　モリモト印刷株式会社

ISBN 978-4-7987-0190-5 C0010

哲学として読む 老子 全訳

山田史生

「道＝自然の法則」という新解釈を示すことで、今の私たちにも役立つ、いいきいきとした哲学書として読み直す。“2500年の誤解”を解く、渾身の一冊。 ISBN978-7987-0179-0 本体2500円

物語として読む 全訳論語 決定版

山田史生

とっつきにくいものではなく、そこには孔子が弟子に向けて伝えた肉声がピチピチと息づいている最高の「人生指南書」。これなら、最後まで読み通せる！ ISBN978-7987-0169-1 本体2200円

幸福と人生の意味の哲学
なぜ私たちは生きていかねばならないのか

山口 尚

古今の思想家や文学者の言葉を手掛かりに、不幸の可能性から逃れられない私たちが人生と向き合うための思考の軌跡を示し、哲学の新たな可能性を拓く。 ISBN978-7987-0170-7 本体2400円

14歳からの哲学
考えるための教科書

池田晶子

10代から80代まで圧倒的な共感と賞賛。すべての考える人の必読書。死とは何か、言葉、心と体、自分と他人など30の普遍的テーマに寄り添う。 ISBN978-901510-14-1 本体1200円